# 항공관광
# 마케팅

## Aviation Tourism Marketing

# P R E F A C E

　20세기 이후 급격한 발전을 거듭하고 있는 항공관광 산업은 세계적으로 확산되고 있는 국가와 국가 간의 인적·물적·문화적 교류의 근간이 되고 있으며, 이러한 산업의 중심에는 상품과 고객이라는 핵심 요소가 있다. 아무리 좋은 상품이라도 고객에게 외면받는 상품은 의미가 없는 경제 구조와 하루가 달리 새롭게 선보이는 제품 간 치열한 경쟁 구도에서 마케팅의 중요성이 더욱 증가하고 있다. 또한 항공관광 산업은 외부 환경의 영향에 민감한 분야이고, 소비자 요구의 다양화, 세계적 경제 성장의 둔화 및 산업체 간의 치열한 경쟁으로 인해 마케팅은 산업체의 핵심 역량이며 동시에 생존 전략이 되고 있다.

　본 저서는 단순히 항공관광 마케팅의 이론적 소개보다는 항공관광 산업 분야에 진출하고자 하는 학습자에게 항공산업의 동향을 소개하고 항공 서비스의 개념, 고객의 중요성에 초점을 두면서 고객을 이해하고 고객 만족을 위한 다양한 방안을 살펴보고자 한다. 아울러 마케팅의 개념과 변천 과정 및 기초적 이론을 함양하도록 구성하였다. 또한 서비스 마케팅의 특성을 파악하고 이를 바탕으로 서비스 품질 관리 및 회복 방안을 살펴본다. 특히 항공관광 마케팅의 변화적 과정을 소개하고, 국내외의 항공관광 마케팅의 다양한 변화를 소개함으로써 학습자들에게 우리가 살고 있는 현재와 미래에서의 마케팅의 중요한 가치를 깨닫게 하고, 나아가 국내외 주요 항공사의 다양한 실질적 마케팅 사례를 접목함으로써 미래의 우수한 글로벌 항공 인재가 될 수 있는 지식을 함양하는 데 주요 목적을 두고 집필했다.

　1장에서는 20세기부터 발전하여 항공기의 개발 및 생산 활동으로 이루어진 항공기 산업과 항공기를 이용한 운송 활동과 관련된 항공 산업을 소개하고 고속성, 안전성 등의 항공 산업의 특성을 파악하였다. 또한 세계적인 항공 산업의 발전 단계별 특성을 파악하고 국내 항공 산업의 발전 과정과 향후 항공 산업의 발전 방향에 대한 예측을 시도하였다.

2장은 고객이 경제 시장에서 갖는 중요성에 초점을 두고, 고객의 욕구를 파악하고 이를 충족시킬 수 있는 상품을 생산하고 판매함으로써 이윤을 창출하여 기업의 가치를 극대화하는 방법을 다루었다. 또한 고객에 대한 기본적인 개념을 정의하고 그에 따른 고객의 유형을 파악하여 고객에게 우수한 서비스를 제공하여 고객 만족을 이끌 수 있는 내용으로 구성했다.

3장에서는 서비스 마케팅의 기본 개념에 대한 이론적 배경을 바탕으로 서비스의 의미와 특성 및 서비스의 분류 방법을 살펴보고, 우리나라의 서비스 산업의 국제 경쟁력 및 고도화의 필요성을 강조하였다. 제조업과 서비스업의 융합, 서비스업의 영역 확대 추세를 사례 중심으로 설명하였다. 서비스 마케팅의 추진 체계와 전략을 사우스웨스트 항공사의 사례를 통해 학습할 수 있도록 구성하였다.

4장에서는 서비스 품질의 개념을 소개하고 서비스 품질의 구성 요소에 대해 다루었다. 또한 고객의 주관성이 강조되는 서비스 품질에 대해 객관적인 평가의 지표로 사용될 수 있도록 서비스 품질을 측정하는 이론 등을 다루었으며 서비스의 비분리적 특성으로 인해 발생할 수 있는 서비스 실패 시의 적절한 대응 및 서비스 회복 방법에 대해 다루고 있다.

5장은 항공 마케팅의 기본 개념을 다루었다. 마케팅의 개념, 추진 절차를 일상의 사례로 쉽게 설명하고 마케팅 개념의 변천 과정 및 배경을 단계별로 비교하여 제품 중심 마케팅에서 디지털 시대의 마케팅까지 다양한 시각으로 마케팅을 바라볼 수 있도록 하였다. 또한, 항공운송 서비스의 특성에 따른 항공 마케팅의 특성을 간략히 살펴보았다.

제6장은 항공사 마케팅 전략에 초점을 두고 기업을 둘러싼 경영 환경을 분석하고 상품, 가격, 판촉 및 유통을 계획하고 수행하는 마케팅 프로세스 중 3C Analysis에 해당하는 자사, 경쟁자, 고객 분석과 STP 분석, 즉 시장 세분화, 표적화, 위치화를 다루었다.

제7장에서는 기업이 표적 시장에서 마케팅 목표를 달성하기 위하여 사용하는 마케팅 도구들의 모음 중 상품, 가격, 촉진, 유통 등 전통적 마케팅 믹스(4P)와 주로 서비스 업종에서 마케터들이 고객과 의사소통하고 그들을 만족시키기 위해 추가적으로 사용하는 변수들인 물리적 증거, 프로세스, 사람 등 확장된 마케팅 믹스(3P)에 대하여 설명하였다.

8장에서는 특수 마케팅을 다루었으며, 전통적인 마케팅의 개념에서 항공 분야와 같은 서비스에 특화된 산업 분야에서 주로 적용되는 마케팅 기법들을 소개하였다. 관계 마케팅, 제휴 마케팅, 내부 마케팅, 문화 마케팅의 순으로 항공업계에서 실제 사용하고 있는 마케팅 기법들의 기본적인 개념을 설명하고, 실제 항공업계에서 어떻게 사용되고 있는지에 대한 사례를 살펴보았다.

9장에서는 지금까지 언급된 항공관광 마케팅의 다양한 이론적 배경이 실제로 활용되는 다양한 마케팅 사례를 소개하고자 하였다. 국내 주요 FSC 및 LCC 항공사가 활용하고 있는 관계 마케팅, 촉진 마케팅, 행동 마케팅, 사회 공헌 마케팅, 감성 마케팅, 체험 마케팅 등의 실질적 사례를 소개하여 학습자로 하여금 실질적인 이해를 하도록 구성하였다.

끝으로 10장에서는 패키징과 프로그램을 설명하였다. 항공은 특히 관광업계에서는 빼놓을 수 없는 개념이다. 패키징과 프로그램의 개념과 이로 인해 파생되는 상품들에 대해 알기 쉽게 설명하였으며, 패키징과 프로그램이 관광자와 관광 제공자에게 어떠한 이점이 있는지 알아보았다. 마지막으로 마케팅에 있어서 패키징과 프로그램의 역할을 살펴보았다.

오랜 기간 항공관광 마케팅 관련 수업을 하면서 학생의 눈높이에 맞는 학생 친화적 교재가 없어서 불편함을 느꼈다. 이에 뜻을 같이한 교수들이 모여 본인의 강점을 부각시킬 수 있

# PREFACE

는 주제를 나누어 본 교재를 집필하였다. 부족함을 인지하고 앞으로 많은 수정과 보완이 있어야 할 것이라는 각오로 출간하였기에 동종 학계에 계신 교수님들과 직접 본 교재로 학습하게 될 학생 및 항공관광 산업의 일선에서 실무를 담당하시는 분들의 비판과 가르침을 겸허히 받아들여 계속 발전되어 가는 교재가 되기를 바란다. 끝으로 본 교재를 출판하도록 적극적으로 지원해주신 한올출판사 담당자분들께 감사드린다.

2024년 여름

저자 대표  **강혜순**

# C O N T E N T S

# CONTENTS

# CONTENTS

Chapter 1

# 항공운송 산업의 환경 변화

제1절  항공운송 산업의 개념
제2절  항공산업의 발전 과정

Chapter

1

# 제1절　항공운송 산업의 개념

　20세기부터 발전하기 시작한 항공산업은 항공기의 개발 및 생산 활동과 관련한 항공기 산업과 항공기를 이용한 운송 활동과 관련된 항공운송 산업으로 크게 구분할 수 있다. 항공운송 산업은 다른 산업이 받는 제약보다 국내외의 다양한 규제를 받고 정치·경제적 환경 및 시장의 경쟁적 환경의 영향을 민감하게 받는 산업이라 할 수 있다. 또한 항공산업만을 분리하여 분석하기보다는 호텔·관광 분야와 연결된 환대산업(hospitality)의 범주 내에서 상호 영향을 받는 서비스 분야임을 주목해야 한다. 특히 항공운송 산업은 항공 제작 기술의 발달, 운송시스템의 변화 등에 따라 영향을 받기 때문에 4차 산업혁명 이후의 기술적 변화에 의해 폭넓은 변화를 겪을 것으로 예상된다.

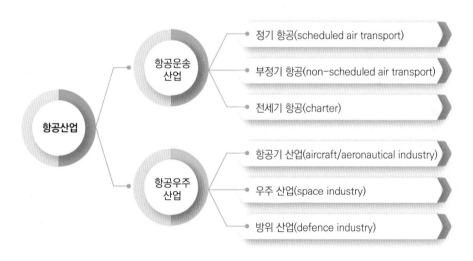

[그림 1-1] 항공산업의 분류

## 1. 항공운송 산업의 분류

　항공운송 산업은 크게 정기, 부정기, 전세 항공 및 개별적 운송 활동을 포함하는 모든 '일반항공'을 의미한다. 하지만 기업의 경영 활동으로서의 항공운송은 항공사의 상업적 이윤

추구를 위한 운송만을 대상으로 하며, 항공운송업의 자격을 부여받은 기업이 일반인을 대상으로 하는 민간 부문의 운송 수요에 맞춘 여객 및 화물 운송의 활동을 하는 것이다. 따라서 각 국가의 군사적 목적 등에 의한 운송 활동은 포함시키지 않고 있다.

### (1) 정기 항공운송 산업

항공법 제2조 제26항에 명시되어 있는 정의에 따르면 정기 항공운송 산업은 두 지점<sup>(도시)</sup> 사이에 항공 노선을 개설하여 정해진 요일, 날짜 및 시간에 맞추어 정기적으로 항공기를 운항하는 것이다. 특히 국제민간 항공기구<sup>(ICAO)</sup>의 표준화된 국제 운항 시간표<sup>(Official Airline Guide)</sup>를 준수하여 대중에게 공개하고 공공성을 중시하기 때문에 항공사의 편리에 따라 임의적으로 운항의 중지나 휴항을 할 수 없고, 미리 공시된 일정에 따라 운항한다.

### (2) 부정기 항공운송 산업

부정기 항공운송 산업은 노선이나 운항 스케줄에 대한 제약 없이 수요에 따라 원하는 수송을 할 수 있는 형태이다. 즉 정기적 필요에 의한 것이 아니라 불특정한 지점과 지점을 정해지지 않은 일정에 따라 운항하는 형태이다. 특정 지점 간을 필요한 일정에 따라 수시로 운항하거나 혹은 수요의 증대에 따라 특정한 계절이나 구간을 전세기 형태로 운항할 수 있다. 이미 기존의 항공사에서 운영하고 있는 정기편의 공급 증대가 필요한 경우, 예약, 발권 및 운송 등의 운영 절차를 공시하고 여객이 일정 수에 도달했을 때 운항하는 임시편<sup>(Extra)</sup>과 수요자의 요구에 따라 지정된 구간에 대해 항공기의 좌석이나 화물실 공간을 전부 임차하여 운영하는 전세운송<sup>(Charter)</sup>으로 나눌 수 있다.

이처럼 부정기 항공운송은 유휴 항공기를 이용하여 가동성을 높여 수송력을 최대한 활용하고 낮은 운임으로 대량 수송할 수 있는 특성 때문에 급성장하고 있으며 최근에는 정기 항공운송 시장을 위협하고 있다.

## 2. 항공운송의 특성

항공운송은 교통수단의 한 분야로서 육상 교통, 해상 교통과 더불어 독특한 특성과 가치

를 지니고 있으므로 이와 관련된 특성을 파악해야 한다.

❶ 안정성 : 항공운송에서 안전성을 우선적으로 고려해야 한다. 항공기는 다량의 승객을 수송하며 사고가 발생하는 경우 국가 간 분쟁으로 연결되는 경우도 발생할 수 있다. 항공운송의 안정성은 기술적 요인과 기상 조건에 의한 자연적 원인에 의해 좌우된다. 하지만 다른 운송 수단에 비해 항공운송의 안정성이 상대적으로 높다고 할 수 있다.

❷ 고속성 : 해상 교통과 지상 교통에 비해 제트항공 시대를 맞아 항공운송은 가장 빠른 교통수단이 되었으며 국제노선의 경우에도 차이는 있지만 항로의 폭넓은 확대와 함께 더욱 항공 시간이 단축되어 가고 있다.

❸ 공공성 : 국가에서 제공하는 항로, 공항 및 노선권과 같은 공공재를 활용하여 일반대중에게 대중교통의 수단을 제공하는 공익성이 필요한 산업이다. 특히 각 나라마다 국가 간의 항공 협정과 외교 정책을 수립하고 해당 국가의 항공산업의 발전과 공공성을 확보하기 위해 공항을 건설하고 항공노선을 확장하며 항공사를 규제하고 공급 규모를 결정하여 국민 전체의 편익을 도모한다.

❹ 소멸성 : 항공산업의 가장 주요한 특성 중 하나는 항공 상품의 소멸성이다. 항공운송 상품은 다른 운송 수단이 제공하는 상품보다 높은 품질의 서비스를 제공하는 고가의 서비스 상품이며 생산과 소비가 동시에 발생하기 때문에 팔리지 않은 좌석을 재고로 저장할 수 없다. 즉 다시 말해 상품의 소멸성이 강하다. 특히 계절이나 특정 노선의 인기도 등에 의한 시장 수요의 변화에 신속하게 대응하는 것이 필수적이며 이와 관련된 다양한 제휴 방식(alliance)이 생겨나는 추세이다.

❺ 경제적 특성 : 항공운송 사업은 시장에 대한 과점적 특성을 지닌다. 과점이란 둘 이상 소수의 판매자가 표준화 상품을 제공하면서 시장을 장악하는 것으로 다른 기업이 해당 시장에 진입하는 것에 대해 비교적 높은 진입 장벽(전체시장 또는 부분시장에 기존의 시장참여자가 누리는 상대적인 이점이 신규참여자들에게 불리한 점으로 작용하는 것을 의미)을 갖고 있다. 또한 규모의 경제가 지배하는 사업으로 항공사는 조직의 규모가 확대됨에 따라 업무의 전문화가 이루어지고 이에 따라 높은 효율성을 수반하게 된다.

## 제2절  항공산업의 발전 과정

### 1. 항공운송 산업의 발전 과정

#### (1) 항공산업 발전 제1단계

　1935년 처음 도입된 DC-3 기종은 승객 운송과 군사적 목적으로 개발되었으며  20여 명의 승객을 운송하는 정도였다. 하지만 세계 2차 대전의 발발은 민간 항공의 운항에 도움을 주었으며 항공산업 전반에 걸쳐 발전을 가져오는 시발점이 되었고 그 결과 다음과 같은 기반이 구축되었다.

　❶ 숙련된 기관사 양성
　❷ 항공산업에 대한 일반인의 이해도 증가
　❸ 기상 정보 체계 구축
　❹ 지도 및 국외 지역 정보 확보
　❺ 공항 건설 증대
　❻ 군용기의 민간 항공 전환으로 가격 인하

　이러한 발전을 근간으로 1945년 국제 항공운송기구(IATA)가 조직되어 민간 항공 협력 단체로서 세계 항공 상품의 운임을 결정하고 운송 규칙을 제정하는 역할을 수행하였다.

#### (2) 항공산업 발전 제2단계

　항공 교통 발전 제2단계는 1950~1960년대라고 할 수 있다. 50년대 후반과 60년대 초반에 민간 항공에 신속성을 자랑하는 제트기의 도입과 재급유를 하지 않으면서 승객을 신속하게 원거리 목적지까지 운송할 수 있는 능력은 항공산업 발전의 성장세에 중요한 요소가 되었다.

### (3) 항공산업 발전 제3단계

항공기 제작사들이 1960년대 후반부터 1970년 말에 걸쳐 DC-10, Boeing 747, Airbus 등 세계 항공사들이 운영할 수 있는 대형 비행기를 제작하면서 민간 항공산업의 새로운 시대가 시작되었다.

### (4) 항공산업 발전 제4단계

1980년대부터 B767, B757 등과 같은 새로운 쌍방 엔진을 장착한 장거리용 항공기가 개발되어 과거보다 훨씬 많은 여객과 화물을 신속하게 세계 전역으로 운송하는 것이 가능해졌다.

## 2. 항공산업의 규제 완화

### (1) 항공 규제 완화 배경

항공규제법은 공식적으로 1938년 미국에서 '민간 항공국'이 설립되면서 시작되었으며 세계 2차 대전이 끝날 무렵, 시카고 회의(1944년)에서 항공 운항과 관련된 국가 간의 분쟁을 방지하기 위해 외국 국적의 항공기가 자국의 영공을 지나는 것에 대한 '하늘의 자유'가 제정되었다. 하지만 1970년대에 들어서면서 지나친 항공 운항 규제에 대한 불만이 커지게 되었고, 1970년대 후반에 미국은 국제 시장 자유화를 선언하게 되었다. 항공 규제 완화란 항공사가 정부의 통제에서 벗어나는 개념으로 미국 정부는 최초로 1978년 항공 규제 완화법을 시행하였다. 민간 항공계에 자유 경쟁 개념이 도입되는 배경은 다음과 같다:

① 특정 항공사의 독과점: 취항 항공사들이 독점 상태로 운영함에 따라 고가의 요금을 책정하고, 경쟁이 없는 환경이므로 탑승률을 높이는 이익을 얻음

② 자유 경쟁 체제의 부재: 전 세계 경제 환경이 공정한 자유 경쟁을 바탕으로 한 시장경제를 표방하는 추세가 형성됨

③ 불합리한 요금 체계: 항공 규제 완화 이전까지 항공 요금은 항공사가 시장 환경을 바탕으로 결정한 것이 아니라 타율에 의해 결정되는 불합리한 면이 있었음

결국, 미국에 의해 시작된 1978년 항공 규제 완화조치는 항공사 간의 제휴 강화, 독점 금지 예외 허용 및 양국 간의 자유화 등으로 발전되었고, 다른 나라들에도 심대한 영향을 주었다. 1980년대에 EU는 시장의 통합으로 미국 시장에 비해 부족했던 물리적, 기술적, 재정적 어려움을 극복하고자 1985년, 단일 유럽 법안을 만들어 가격 형성, 특정 항공 노선에 대한 복수 운항 허용 그리고 공급력 공유 등을 허용하는 변화를 보였다. 이후에 아시아, 중남미 국가들도 자유 경쟁의 영향을 받게 되었다.

## (2) 항공 규제 완화 영향

항공 규제 완화는 항공산업 외에도 환대산업 분야의 유관 기업인 관광 산업 분야에도 많은 영향을 주게 되었고 특히, 항공 및 관광 산업의 기업 운영 전략에도 변화를 초래하였다:

❶ 경쟁: 항공 규제 완화 전까지는 정부로부터 통제를 받았으나 규제 완화 이후 항공사는 시장경제에 입각한 항공로, 운항 빈도, 요금까지 결정할 수 있게 됨

❷ 중소 규모의 항공사 증대: 항공사 설립이 이전보다 쉬워졌고 시장성을 바탕으로 항공사들이 신규 노선을 개척할 수 있게 되어 세계적으로 저비용 항공사(Low Cost Carrier)가 크게 성장하고 있음

❸ 항공료 전쟁 및 항로 개척: 항공사 스스로 요금을 결정할 수 있게 되면서 항공료와 관련된 경쟁이 심화되고, 과거 정부가 정해준 항로로만 운행하였으나 항공 규제 완화 이후 경제성, 즉 수익성을 바탕으로 항공로를 결정함

❹ 소형 항공사 단거리 노선 전문: 소형 항공사와 대형 항공사가 경쟁하는 것은 불가능하므로 소형 항공사들은 저비용 소형기로 단거리 노선에 집중하고 대형 항공사와는 달리 노선과 노선(point to point) 운항, 기내 서비스 간소화 및 동일 기종 활용 등을 통해 이익을 추구함

❺ 허브·스포크(Hub & Spoke) 시스템 도입: 허브·스포크 시스템이란 교통량의 상당 부분을 하나의 주요 중심 공항(Hub)으로 운항하거나 중심 공항으로부터 출발하는 경우 다른 지역들 간의 연결도 중심 공항을 경유하게 구성하는 방법으로 항공사들이 노선망을 구성할 때 사용하기 시작함

❻ 정보 통신 기술의 발달 및 대형 항공기 등장: IT 산업의 발전에 기반을 둔 정보 통신 기술의 발달은 항공산업 전반에 지대한 영향을 주고 있으며 전통적 항공권 예약 방식의 변화 및 마케팅 변화을 유도함. 또한 A-380과 같은 대형 항공기의 등장으로 많은 승객을 대상으로 장거리 운항을 운영함으로써 항공운송의 효율화도 향상됨

### (3) 항공산업의 민영화와 인수 합병

#### 1) 항공산업 민영화

항공산업에 영향을 미치는 또 하나의 환경 변화는 국가 소유로부터 벗어나는 범세계적인 추세이다. 이 경향은 항공운송 산업 외에도 다른 산업에도 널리 채택되고 있는 정책으로 항공 규제 완화와 자유화가 항공산업 시장 환경에 있어 첫 번째 환경 변화의 흐름이라면 국영 항공사의 민영화는 두 번째로 중요한 환경 변화라 할 수 있다. 미국을 제외한 전 세계 항공사들은 초기에 국가에서 운영하기 시작하였지만, 1980년대 중반부터 1990년대까지 민영화가 활발하게 진행되었다.

#### 2) 항공사의 인수 합병(M&A)

항공산업의 자유 경쟁으로 인해 세계적으로 항공사 간의 치열한 경쟁이 야기되었다. 이에 따라 각 기업은 내적 성장과 외적 성장을 위해 지속적인 노력을 하는데, 특히 항공사 간의 인수 합병(M&A)과 전략적 제휴를 통해 외적 성장을 도모하게 되었다. 이러한 잠재 경쟁 항공사 간의 인수 합병은 세계적으로 치열한 경쟁 환경에서 우위를 확보하고 생산과 소비가 동시에 발생하는 항공 상품의 효과적 판매를 위한 경쟁 가능한 규모를 갖추고자 함이다. 최근 세계의 주요 항공사들은 항공사 간 합병을 통해 규모를 확대하여 다음과 같은 우위를 얻고 있다.

❶ 노선의 최적화: 항공사는 통합된 노선으로 연결편, 항공기 이용 및 노선의 합리화를 증진할 수 있음
❷ 시장 지배력의 강화: 항공사는 통합된 스케줄, 상용 고객 우대 관리, 여행사에 대한 우위성을 바탕으로 실질적인 시장 지배력을 확보할 수 있음
❸ 시장의 성장성: 항공사는 결합된 시장 지배력 때문에 그동안 수익성을 고려하여 포기했던 신규 노선 운항을 다시 시작할 수 있음

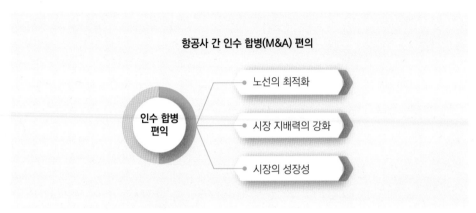

자료: 항공뉴스라인(2001), 제57호, 4쪽 참고/재구성

[그림 1-2] 항공사 간 인수 합병(M&A) 편의

## 3. 국내 항공산업의 발전 과정

### (1) 국내 항공산업의 역사

❶ 1929년 4월에 여의도에 우리나라 최초의 공항이 건설되어 동경-후쿠오카-대구-서울-평양-신의주-대련 노선을 매일 1회 왕복하던 일본항공수송(주)이 개설되고, 9월에 울산 비행장이 개장되었다. 1958년에 김포 국제 공항 개항을 시작으로 본격적으로 민간 항공 시대가 열리게 되었다.

❷ 1948년 대한국민항공사(Korean National Airlines)라는 첫 민간 항공 회사가 창설되어 국내선 노선을 운영하기 시작하고 1951년 한-일 노선 취항 후 대만 및 홍콩 등지로 노선이 확대되었으나 1958년 항공기가 북한으로 피랍되고 전복되는 등의 사건으로 결국 1961년 도산하게 되었다.

❸ 대한국민항공사 이후 한국항공 및 국영 대한항공공사로 이어지다가 1969년에 대한항공(Korean Air)은 민영화되어 우리나라의 항공 민영화 시대가 열리게 되었다. 대한항공은 국가의 발전과 함께 비약적 도약을 하면서 현재 세계적으로 우수한 항공사로 발전하고 있다. 또한, 1988년 항공 여행 자유화에 발맞추어 아시아나 항공(Asiana Airlines)이 출범하면서 우리나라가 복수 항공사 체제를 구축하게 되었다. 이러한 발전에 힘입어 현재는 제주항공, 진에어, 에어부산과 에어서울 및 티웨이 항공, 최근에 새롭게 등장한

강원플라이, 에어프리미아 및 에어로케이 등 저비용 항공사의 눈부신 성장세도 주목해야 할 것이다.

● [표 1-1] 한국 항공산업의 역사

| 연도 | 내용 |
|---|---|
| 1913 | 일본 '나라하라 4호' 공개 비행 행사로 비행기 최초 등장 |
| 1922 | 한국 최초의 조종사인 안창남이 '금강호' 비행기로 모국 방문 비행 |
| 1925 | 권기옥 최초 여류 비행사 탄생 |
| 1930 | 여의도에 조선비행학교 설립, 서울 상공 일주, 인천 왕복 유료 비행 실시 |
| 1944 | 김포 비행장 완공 |
| 1948 | 대한국민항공사 설립 |
| 1954 | 동남아 국제 노선 최초 취항(서울-대만-홍콩) |
| 1962 | 대한국민항공사 해산, 대한항공공사 설립 |
| 1969 | 대한항공공사 (주)대한항공에 이양하여 민영화 |
| 1980 | 한국공항공단 설립 |
| 1981 | 항공의 날 제정(대한국민항공사 서울-부산 첫 취항한 10월 30일) |
| 1983 | 사할린 상공의 KE 007 피격 사건 |
| 1988 | (주)서울항공 2월 설립, 8월 (주)아시아나 항공으로 사명 변경하여 국내선 운항 개시 |
| 1998 | 한미 항공 자유화 협정 개정 |
| 2000 | 인천 국제 공항 고속도로 개통, 대한항공 스카이팀 창설 |
| 2001 | 인천 국제 공항 완공 |
| 2003 | 아시아나 항공 스타얼라이언스 가입 |
| 2007 | 공항 철도 1단계 개통(인천 공항-김포 공항) |
| 2011 | 대한항공 A380 뉴욕 첫 취항 |
| 2012 | 인천 국제 공항 국제 공항협의회 주관 공항 서비스 평가 7연패 달성 |
| 2017 | 인천 국제 공항 국제 공항협의회(ACI) 주관 공항 서비스 평가 12연패 달성 |
| 2018 | 인천 국제 공항 제2 터미널 완공 |

### (2) 국내 항공업의 현황 분석

**1) 국내 항공 여객 운송 규모**

2000년대 들어서 국내 항공 여객 운송은 국제선 여객 및 국내선 여객의 수가 대략 902만 명으로 추정될 정도로 증가하였다. 특히 항공산업은 국제 간의 정치적, 경제적 영향을 받게 되는데 중국 노선을 제외한 유럽, 일본, 동남아 여객 및 제주 노선 수요 증가의 영향으로 점진적으로 증가하고 있다. 이러한 발전은 국민의 생활 수준 향상 및 여가에 대한 관심 증가, 워라밸(Work to Life Balance)의 강조에 의해 여행 및 레저 산업의 규모가 확대되고 국제적 교류가 지속적으로 이루어진 결과이다.

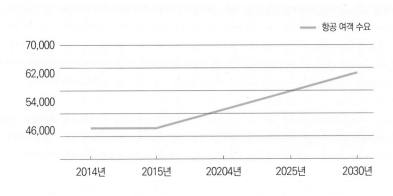

[그림 1-3] 우리나라 항공 여객 수요 예상(2013-2023 인력 수급 전망)

● [표 1-2] **2017년 항공 운항 및 여객 실적(항공 시장동향, 제64호)**　　　　(단위: 회, 명, %)

| 구 분 | | 9월 실적 | | | 누적 실적 | | |
|---|---|---|---|---|---|---|---|
| | | '16. 9월 | '17. 9월 | 증감율 | '16. 1~9월 | '17. 1~9월 | 증감률 |
| 운항 (회) | 국내 | 16,382 | 16,644 | 1.6 | 142,937 | 147,746 | 3.4 |
| | 국제 | 37,227 | 38,081 | 2.3 | 327,084 | 338,887 | 3.6 |
| | 계 | 53,609 | 54,725 | 2.1 | 470,021 | 486,633 | 3.5 |
| 여객 (명) | 국내 | 2,622,017 | 2,798,838 | 6.7 | 23,144,552 | 24,417,895 | 5.5 |
| | 국제 | 5,993,768 | 6,218,439 | 3.7 | 54,632,504 | 57,017,670 | 4.4 |
| | 계 | 8,615,785 | 9,017,277 | 4.7 | 77,777,056 | 81,435,565 | 4.7 |

우리나라 항공 관광 전망은 인바운드 및 아웃바운드 관광객의 증가로 2030년까지 지속적인 성장을 보일 것으로 예상되며, 이와 관련된 항공 운항 분야 및 항공 서비스 분야의 인력 수요도 증가할 것으로 분석할 수 있다.

### 2) 국내 국제 공항의 발전

국내 항공운송업의 핵심 근간이 되고 있는 인천 국제 공항은 세계 공항 서비스 평가에서 12연패를 하며 세계 최고의 서비스를 제공하는 국제 공항으로 발전하고 있다. 그로 인해 국내외 항공사들의 여객 및 화물 운송의 증대가 예상되며 이에 따른 항공 여객 운송직의 채용 증가도 향상될 전망이다. 또한 2018년에 개장한 제2 여객 터미널로 대한항공을 비롯한 해외 주요 항공사의 서비스 영역을 이전하면서 국내 항공산업은 비약적 발전을 맞이하고 있다.

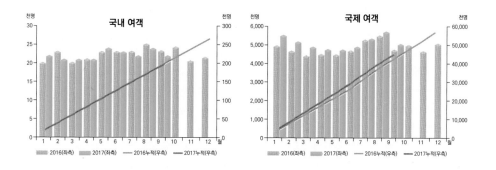

[그림 1-4] 제1 인천 공항 여객 실적 추이(항공 시장동향, 제64호)

### 3) 국내 저비용 항공사의 현황

1970년대 이후 항공 규제 완화의 가장 큰 영향은 저비용 항공사의 출현이다. 핵심 서비스만을 제공하고 단일 노선 운항, 동일 기종 사용 등을 통한 비용 절감으로 2000년대 이후 대형 항공사들이 도산하는 것과는 대조적으로 국외의 사우스 웨스트, 젯블루, 버진 아메리카, 에어아시아 등이 성공적 경영을 하고 있고, 국내에서는 제주항공, 진에어, 에어부산, 티웨이 항공 및 에어서울이 눈부신 활약을 보이고 있다. 특히 서울-제주 간 노선은 이미 저비용 항공사의 점유율이 대형 항공사의 점유율을 능가하고 있고 노선 다변화로 국제 노선도 빠르게 성장하고 있다. 국토교통부 자료에 따르면 저비용 항공사의 항공 시장 점유율이 2018년과

2019년을 비교했을 때도 증가폭이 큰 것을 알 수 있다.

2019년에는 강원플라이, 에어로케이 및 에어프리미아의 신생 항공사의 출현도 주목해야 한다.

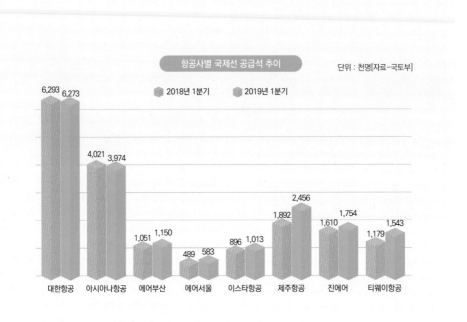

[그림 1-5] 2018-2019 국내 항공사 국제선 공급석 변화

## 4. 2020년 코로나 바이러스 발발과 항공업계 동향

### (1) 코로나 바이러스에 의한 항공업계의 타격

2020년 초기부터 전 세계가 코로나 바이러스 전파로 인해 사회의 다양한 분야가 타격을 받게 되었는데 특히 지역적 이동의 매체인 항공업계의 타격이 매우 심한 것으로 나타났다. 미국, 유럽 및 우리나라에서도 비행 운항이 80~90% 정도 감소하면서 많은 항공사가 재정적 타격을 입게 되었고, 이는 경비 절감 및 인원 조정으로 이어지게 되었다. 이에 각 나라는 항공업계를 돕기 위한 다양한 자구책을 제시하였다.

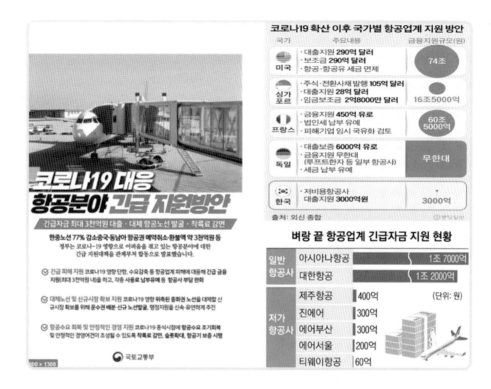

● [표 1-3] 주요국의 항공산업 지원 내용

| 미 국 | • 항공사에 대한 500억 달러 지원 미 의회 승인 요청('20.3.19. 기준)<br>  – 여객 항공 운송에 대한 250억 달러 보조금, 250억 달러 무담보 대출 |
| --- | --- |
| 중 국 | • 항공사 노선별 보조금: 복수 항공사 운항 노선은 좌석 킬로미터(ASK)당 0.0176위안, 단독 운<br>  항 노선은 ASK당 0.528위안 지원<br>• 국내선에 대한 민간 항공 개발 기금 납부 면제<br>• 착륙료, 주기료 감면 등 |
| 대 만 | • 항공산업에 1억 5,900만 달러 지원<br>• 항공사에 10억 달러 이상을 1년간 무이자 대출 |
| 싱가포르 | • 1억 1,200만 SGD 규모의 재정 지원<br>• 착륙료 및 주기료 감면, 창이공항 지상 조업사 지원, 임대료 감면 |
| 호 주 | • 항공산업에 대해 7억 1,500만 AUD 지원 |
| 뉴질랜드 | • 항공 부문에 6억 NZD 지원<br>  – 항공사에 6개월 간 승객 관련 요금 1억 6,300만 NZD와 항공사 관련 요금 3,700만 NZD 지원<br>  – 수입 감소 항공사에 대한 7,000만 NZD지원<br>• 에어뉴질랜드에 대한 9억 NZD 대출 지원 |
| 말레이시아 | • 6개월 간 공항 구내 임대료 및 착륙료, 주기료 감면, 항공사 전기료 15% 할인 |

● [표 1-4] **코로나19 대응 정부의 항공업계 지원 내용**

| | |
|---|---|
| 「항공·해운 긴급 지원 대책」 (코로나-19 대응 경제장관회의) (2월 17일) | • (긴급 융자) LCC 대상 긴급 융자 최대 3천억 원<br>• (운수권·슬롯 회수 유예) 코로나19 영향 운항 중단·감축 노선의 미사용 운수권, 슬롯 회수 유예<br>• (공항 사용료·과징금 등 납부 유예) 3~5월분 공항 시설 사용료 납부 유예, 항공사 신규 과징금 1년 납부 유예<br>• (공항 사용료·수수료 감면) 항공 수요 미회복 시 착륙료 10% 감면, 항공기 인증 수수료 감면 연장<br>• (노선 다변화 지원) 중장거리 운수권 배분, 미취항 노선 개설 지원<br>• (신규 취항 증편·지원) 인천 공항 슬롯 증대(시간당 65 → 70회) |
| 「코로나19 관련 업종별 긴급 지원방안II」 (제11차 코로나19 대응 경제관계장관회의 겸 제1차 위기관리대책회의) (3월 18일) | • (운수권·슬롯 회수 유예 확대) 전체 노선 전면 회수 유예<br>• (사용료 감면 확대) 항공사의 공항 사용료 감면 폭 확대 및 조업사·상업 시설 등 지원<br>　– (항공사) 정류료 전액 면제(3월~5월), 항행 안전 시설 사용료 납부 유예(4월~6월), 착륙료 감면(3월~4월, 인천 국제 공항공사 20%, 한국 공항공사 10%)<br>　– (지상 조업사) 계류장 사용료 감면(20%) 및 납부 유예(3월~5월, 구내 영업료 포함) |

## (2) 뉴노멀 시대 이후의 여행업과 항공업계의 변화 예측

코로나19로 인한 항공사의 유동성 위기 해소를 위해 정부는 항공사에 대한 금융 지원 확대와 세제 지원 등을 적극 펼치고 있으며, 항공사들도 리스크 대비, 경쟁력 강화 등 자구 노력을 하고 있다. 가장 큰 변화는 코로나19 이후의 시기를 '뉴노멀' 시기라 명칭하면서 진행된 언택트(Untact) 문화의 확산이다. 이에 각 항공사들도 고객 유치 및 비행 운항에 있어서 새로운 표준의 적용을 위한 마케팅 전략 및 홍보를 적극적으로 실시하고 있다. 애프터 코로나 시기 이후에는 대부분의 항공사가 무인 장비 활성화, 좌석 간의 거리두기, 승객 및 항공 종사자 간의 접촉 가능성 최소화, 담요·베개·신문 등 서비스 용품 제공 중단 및 일회용품 대체 등의 새로운 개념의 서비스 상품을 출시하고 있다. 우리나라의 항공업계에서는 대한항공과 같은 대형 항공사가 화물 운송 등과 같은 틈새시장 전략으로 위기 극복을 시도하고 있으나 상대적으로 자금력이나 운영 사항이 든든하지 않은 저비용 항공사는 인수 합병 등 더 큰 위기를 맞을 수 있을 것으로 예측된다. 그러나 이런 위기 상황에서도 에어프리미아, 에어로케이 등 신생 항공사가 시장에 진입하고 있다는 긍정적인 면도 있다.

Memo

# Quiz

❶ 항공산업의 특성을 세 가지 기술하고 간략히 설명하시오.

❷ 다음 중, 민간 항공계에 자유 경쟁 개념이 도입되는 배경으로 적절하지 않은 것은 무엇인가?

① 취항 항공사들이 독점 상태로 운영함에 따라 고가의 요금을 책정하고 경쟁이 없는 환경이므로
   탑승률을 높이는 이익을 얻음
② 전 세계 경제 환경이 공정한 자유 경쟁을 바탕으로 한 시장경제를 표방하는 추세가 형성됨
③ 1970년대에 들어서면서 미국 주요 항공사들이 국가의 항공 운항 규제와 보호에 만족하는
   분위기 형성
④ 항공 규제 완화 이전까지 항공 요금은 항공사가 시장 환경을 바탕으로 결정한 것이 아니라
   타율에 의해 결정되는 불합리한 면이 있었음

❸ chapter 01에서 소개된 세계적 저비용 항공사와 국내 저비용 항공사를 각각 3개 이상
   소개하시오.

Memo

Chapter 2

# 고객의 이해 및 고객 만족

제1절 고객의 정의 및 개념의 변화
제2절 고객의 욕구 및 행동
제3절 고객 만족

Chapter

2

**제1절   고객의 정의 및 개념의 변화**

## 1. 고객의 정의 및 구성

### (1) 고객의 정의

고객은 기업 및 사회에서 제공하는 재화와 용역을 구매하는 개인, 법인 그리고 기관 등을 포함하는 의미를 가지고 있다. 고객은 필요하거나 원하는 재화 또는 용역에 대한 구매를 위해 경제적 대가를 지불하기 때문에 기업의 결정적인 목표 달성과 발전에 근본이 되며 경제 시장에서 해당 상품의 수요를 형성한다. 따라서 고객은 모든 기업의 경영에 있어 매우 중요한 요소인 동시에 기업의 자산으로 인식된다. 이와 유사한 개념인 소비자는 고객을 포함하는 상위 개념으로 상품을 소비하는 경제 주체라고 할 수 있다.

**👤 소비자와 고객의 차이점**

- 소비자(consumer) : 거시경제적인 관점에서 재화의 포괄적인 불특정 소비 주체를 의미
- 고객(customer) : 특정한 기업 또는 브랜드를 대상으로 재화를 구매하는 주체

항공운송 서비스 분야에서 고객은 자사의 항공기를 이용하는 특정 소비의 주체를 일컫는 말로써 탑승객, 화물의 운송을 위탁하는 대상 기업 등을 말한다.

## (2) 고객의 구성

오늘날 고객은 경제 시장에서 상품을 반복적으로 구매하는 대상으로 기업의 목표 달성과 밀접한 관계를 맺고 있는 모든 이해관계자를 의미한다. 그리고 기업에서 재화를 생산하고 유통 경로를 거쳐 최종 소비자에게 전달되기까지 단계별로 내부 고객, 중간 고객 및 외부 고객 등으로 나누어 고객을 구분하였다.

- 내부 고객: 기업의 직원, 협력 부서 등의 내부 구성원
- 중간 고객: 영업 대리점, 유통 채널 종사자
- 외부 고객: 거래 기업 및 최종 소비자

내부 고객이라 함은 경제 주체의 일원으로 재화를 생산하는 기업에서 종사하는 직원, 그리고 협력 부서를 의미한다. 내부 고객에 의해 생산되고 제공되는 재화를 소비자에게 전달하기 위해서는 중간 고객인 영업 대리점, 또는 다양한 유통 경로(인터넷, 할인점 등)를 통해 최종 소비자에게 전달되는 일련의 과정을 거치게 되어 있다.

## 2. 고객 개념의 변화

기업의 궁극적인 목표는 고객의 욕구를 파악하고 이를 충족시킬 수 있는 상품을 생산하고 판매함으로써 이윤을 창출하여 궁극적으로는 기업의 가치를 극대화하는 것이라고 할 수 있다. 고객에 대한 중요성은 마케팅(Marketing) 개념과 더불어 발전해왔으며 마케팅의 개념을 항공운송 서비스에 접목시켜 고객의 개념 변화에 대해 살펴보면 다음과 같다.

## (1) 공급자 중심의 시기

세계 민간 항공은 제2차 세계 대전을 통해 군용기 사용 목적으로 개발된 항공 기술이 민간으로 이전됨으로써 항공 분야의 더욱 빠른 기술 성장을 촉진하였다. 항공운송 산업이 발전

하기 시작한 시기는 '공급자 중심의 시기'에 해당된다. 1911년 미국 정부에서 우편물 운송에 항공기를 이용하기 시작하며 항공운송 산업의 빠른 발전이 이뤄지기 시작했다. 1920년대에 캐나다와 유럽, 오스트레일리아, 뉴질랜드, 일본 등이 항공운송을 시작하며 미국에서는 상업 목적의 민간 항공사인 Northwest 항공(1927), Trans World 항공(1930), American 항공과 United 항공(1934) 등이 연이어 생겨나기 시작했다. 이 시기에는 1938년 미국 정부 기구로 민간 항공위원회(Civil Aviation Board, CAB)를 만들어 운영하기도 하였으며 특히 1950년대부터 보급되기 시작한 제트 여객기는 항공운송의 고속화와 대량화를 실현하는 데 중요한 촉매제가 되었다. 제트 시대의 도래와 항공 수요가 급격히 늘어남에 따라 미국 정부는 항공운송에 대한 규제완화법을 제정(1978) 하였으며, 이를 계기로 규제 완화는 세계 각국으로 확산되었다. 이때부터 항공운송 분야가 비약적으로 발전하기 시작하며 1980년대부터 항공업계는 본격적인 경쟁 체제에 진입하기 시작하며 항공운송 시장은 공급자 중심에서 수요자 중심의 시장으로 전환되었다.

### (2) 소비자 중심의 판매 지향적 시기

세계적으로 다양한 민간 항공사의 출범으로 인한 경쟁으로 항공업계는 생산보다는 판매가 기업의 목표 달성에 더욱 중요한 요소가 되기 시작하였으며 1985년 미국이 정부의 규제 기구인 CAB를 해체하는 것을 시작으로 유럽을 비롯한 주요국들도 항공 시장의 규제를 철폐하거나 완화하며 많은 신설 항공사들이 시장에 진입하였다. WTO 체제의 등장과 세계화 시장의 발전 가속화로 항공운송 수요는 꾸준히 증가하였다. 이같은 변화는 항공업계에서 고객, 즉 소비자 중심의 '판매 지향적 경영'에 관심을 기울이기 시작하는 계기가 되었다. 새롭고 다양한 항공사의 출범과 시장 경쟁의 결과로 항공업계에서는 활발한 인수 합병과 대형 항공사에 대한 산업 집중화가 나타나기 시작하였고 서비스의 차별화와 자유로운 운임 결정 등으로 요약되는 항공 시장의 변화는 고객 만족(CS)를 통한 항공 서비스의 질적 향상을 가져오는 결과를 나왔다.

### (3) 고객 지향적 시기

항공업계의 공급 확대와 시장 경쟁으로 인한 판매 지향적 경영은 1990년대 들어서면서

고객 만족을 전제로 한 고객 가치의 극대화, 고객에 대한 인식의 변화를 가져왔다. 오늘날 항공 시장의 경쟁이 심화됨에 따라 다양한 고객의 욕구를 충족시키기 위한 현대적 개념의 마케팅 개념이 항공업계에 도입되고 있다. 항공운송 서비스는 새로운 항공 여행 상품의 개발, 다양한 운임 전략, 판매 유통 시스템의 고도화, 다양한 촉진 전략, 시장 세분화 등 항공사 경영의 마케팅 요소가 중요시되며 이제는 고객의 니즈와 욕구를 먼저 파악하고 제품을 개발하는 고객 중심의 시기가 되었다.

 **제2절  고객의 욕구 및 행동**

## 1. 고객의 니즈(needs)와 욕구

시장 경쟁이 치열할수록 기업에서는 상품의 수요를 결정하는 고객의 니즈와 욕구에 대한 개념을 효과적으로 활용해야 한다. 고객 만족은 고객의 입장에서 생각하는 것부터 시작된다. 고객이 생활을 영위함에 있어 무엇인가 결핍되어 있는 상태로 무엇인가를 통해 충족되어야 하는 것, 그것을 고객의 니즈라고 하며 기업은 이러한 고객의 니즈를 알아차리고 충족시켜줄 무언가를 찾아내는 것에 주력해야 한다.

고객이 실제로 원하는 니즈는 재화를 제공하는 기업이나 서비스 제공자의 해석과 차이가 날 수 있다. 그러므로 고객의 입장에서 상황을 이해하고 고객 만족을 성취하기 위해서는 고객이 과연 무엇을 원하는지에 대한 요구 사항을 정확하게 파악하는 작업이 무엇보다 중요하다. 고객의 욕구는 생활하는 데 있어서 필요하다고 느끼는 결핍과 같은 니즈를 충족시켜 해결하기 원하는 욕망이라고 할 수 있다. 즉, 결핍에 대한 구체적인 해결책으로써의 수단에 대한 요구를 의미한다. 예를 들면, 추운데 너무 얇은 옷을 입은 상태라면 현실적으로 좀 더 두꺼운 옷이나 몸을 녹여줄 아늑한 실내가 있으면 좋겠다고 생각하는 것같이 구체적인 무언가를 원하는 고객의 상태를 말한다.

## 2. 고객의 유형

### (1) 고객의 일반적 유형

상품에 대한 태도와 기대에 따라 고객의 유형은 다음과 같이 네 가지로 분류한다.

❶ 절약형 고객(economizing customer): 경제 시장에서 여러 서비스 기업의 경쟁적 강점을 찾아 고객 스스로 투입하는 시간과 노력, 금전 등으로부터 획득할 수 있는 가치를 극대화하고자 하는 유형의 고객으로 까다로운 고객으로 인식된다. 이러한 유형의 고객을 유지시키는 것은 쉬운 일이 아니기 때문에 이 부류의 고객 이탈은 곧 잠재적 경쟁에 있어 위험에 노출되는 것을 의미한다.

❷ 편의성 추구 고객(convenience customer): 가격보다는 편의성에 더 가치를 두는 유형의 고객으로 높은 서비스 품질을 갖춘 경험을 제공하는 것이 이 유형의 고객을 창출하고 유지하는 것에 많은 도움이 된다.

❸ 단골 고객(personalized customer): 이 유형의 고객은 서비스 경험을 근간으로 친밀함, 개별적 차별화를 통해 만족스러운 대인 관계를 추구한다. 오늘날 많은 서비스 기업들은 고객에 대한 자료를 활용하여 반복 구매 또는 재방문하는 고객에 대한 빅 데이터를 바탕으로 개인적인 서비스 경험을 창출하도록 여러 가지 차별화된 마케팅 기법을 활용하고 있다.

❹ 윤리적 고객(ethical customer): 사회적으로 신뢰할 수 있는 기업의 단골이 되는 것을 도덕적 의무라고 인식하는 유형이다. 사회 공헌이나 봉사로 기업 이미지를 쌓아온 서비스

기업은 이처럼 윤리적 고객 유형의 고객을 유지 및 창출할 수 있다. 이와 같은 유형은 사회적인 소속감 또는 명예를 중요시하는 유형이라고도 할 수 있다.

## (2) 고객의 소비 패턴에 따른 유형

❶ 부유 계층형 : 부자 단골 손님(Carriage Trade)은 높은 원가임에도 불구하고 그만한 가격을 지불할 용의가 있고 능력이 있는 고객이다.

❷ 바겐형 : 바겐형 고객(Bargain Counter, Bargain Basement)은 가격에 민감해서 경제적인 실리를 중시하고 이왕이면 값싼 물건을 찾아다니며 서비스의 질에는 덜 민감한 부류라고 할 수 있다. 부유 계층형 고객보다는 비용이 적게 지출한다.

❸ 소극형 : 소극적(Passive)소비 형태를 띠는 부류로 낮은 원가로 만들어진 제품이라도 자신이 원하는 것이라면 기꺼이 높은 가격을 수용할 용기를 가진 손님이며 주문 시 상당히 수익성이 높은 고객이라고 할 수 있다.

❹ 공격형 : 공격적인(Aggressive) 능동형(Active) 고객은 최고의 품질을 원하면서도 저렴한 가격을 요구한다. 이와 같은 부류는 일반적으로 대규모 거래를 하는 적극적인(Positive) 구매자로서 가격 흥정을 하며 더 많은 서비스를 요구한다.

## (3) 시장 세분화에 따른 고객 유형

### 1) 시장 세분화의 정의

시장 세분화(market segmentation)는 시장을 다수의 부분 시장으로 세분화하여 동질적인 집단별로 나누는 것을 말한다. 모든 시장이 항상 동질적인 수요로 구성되지는 않기 때문에 시장 세분화는 고객들의 욕구가 서로 다르다는 가정에서 출발한다. 시장 경쟁이 없던 산업 초기에는 단일 상품을 모든 여행자에게 공급하는 방식의 획일적인 마케팅이 수행되었다. 그러나 오늘날의 경쟁적 시장에서는 고객의 구매 욕구가 한층 다양해짐으로써 시장을 상품별, 고객별, 지역별로 세분화하는 마케팅 전략이 효과적이다.

시장을 효과적으로 구분하기 위해서는 먼저 여행자의 구매 행동을 설명하고 예측하는 데 유용한 변수들을 식별해야 한다. 이는 곧 상품을 구매하고자 하는 소비자의 욕구를 가장 잘 반영할 수 있는 변수들을 선택하는 문제가 된다. 시장을 세분화하는 데 공통적으로 이용되

는 변수들은 크게 소비자의 특성 변수와 행동 변수 두 가지로 구분된다.

시장 세분화의 기본 변수인 항공운송 시장은 다음과 같은 세 가지 변수, 즉 여행 목적과 여행 거리, 여행자의 문화적 특성과 국적이 세분화 변수로 가장 널리 이용된다. 여행 목적에 기초한 시장 세분화는 항공업계에서 가장 흔히 이용되는 방식이다. 이 방식은 여행 시장을 출장 목적의 여행자 시장과 관광 목적의 여행자 시장으로 구분한다. 출장 여행 시장은 기업 및 개인 단위의 사업과 공무 출장 여행 그리고 국제회의 참가를 위한 여행과 인센티브 여행 등의 세부 시장으로 나누어진다. 한편 관광 여행 시장은 관광이나 휴식, 레저 및 친지 방문 등의 세부 시장으로 구분된다.

### 2) 시장 세분화에 따른 고객 유형 분류

#### ① 여행 거리

##### ♟ 단거리 시장 vs 장거리 시장

두 시장 간에는 상품에 대한 여행자의 선호 체계에 뚜렷한 차이가 있다. 단거리 여행자의 경우, 좌석의 안락함이나 기내에서 제공되는 식사보다는 운항 스케줄이나 정시성, 공항 이용에 대한 경험이 수요를 결정하는 중요한 변수이다. 반면, 장거리 여행자의 경우는 논스톱 여부, 기내 서비스에 대한 경험 등이 수요를 결정하는 데 중요한 변수로 인식된다. 따라서 여행 거리는 시장 세분화의 중요한 기준이 된다.

#### ② 여행의 목적

##### ♟ Travel vs Business

관광을 목적으로 하는 고객과 비즈니스를 위한 고객의 유형에 따라서도 고객의 특성이 다르게 나타난다. 관광을 목적으로 하는 고객의 유형은 가격에 민감한 절약형 고객의 형태를 보여주는 반면 비즈니스 고객의 경우에는 편의성에 큰 비중을 두며 서비스의 품질에 보다 민감한 특징을 가지고 있다.

#### ③ 여행자의 문화적 특성과 국적

여행 목적이나 여행 거리만으로 시장의 특성을 규명하는 것은 한계가 있기 때문에 여행자 개인이 속해 있는 문화와 국가의 배경을 통해서 고객을 이해하는 것이 필요하다.

④ 여행의 형태

👥 FIT(Free Independent Traveler) vs Group

개별 여행과 그룹 여행의 유형으로 나누어 보았을 때 여행의 목적에 있어서 다른 특징을
나타내는 경우가 많다. 예를 들어, 개별 여행은 비니지스 고객이 많이 나타나며 그룹 여행은
패키지 여행을 목적으로 한 고객이 주로 이와 같은 형태를 이용한다.

⑤ 서비스의 수준

서비스 가격에 덜 민감한 비즈니스 여행자는 예약 서비스와 탑승 절차, 기내식·음료, 편
리한 운항 스케줄 등 높은 수준의 서비스와 편의를 제공받기 위해 비교적 높은 항공 요금을
지불할 용의가 있는 반면, 가격에 민감한 관광 여행자는 일부 서비스를 포기하는 대신 저렴
한 항공 운임의 좌석을 선호한다.

ⓔ Full service carrier vs LCC(Low Cost carrier)

## 3. 고객의 행동

(1) 고객의 행동 특성

❶ 자기중심적 행동

고객은 자신이 알고자 하는 것은 즉시 물어보고 싶어하며 자기의 기대와 필요는 반드시
성취하고자 하는 반면 기업이나 서비스 제공자의 사정은 헤아리려 하지 않는다. 서비스 제

공자는 이러한 고객의 자기중심적(self-centered) 행동을 파악하고 숙지한 상태에서 서비스를 진행하여야 한다. 이러한 고객의 특성상 계획에 없던 직원의 실수와 잘못된 행동 및 태도는 진심어린 사과와 신속한 보상이 뒤따라야 한다.

### ② 불만에 대한 기억

고객은 재화나 서비스를 경험함에 있어 기대 심리가 있는데, 그것을 어느 정도 비슷한 수준으로 충족시킨다면 고객 만족이라고 할 수 있다. 그리고 기대 이상의 감정을 고객이 느끼는 것을 고객 감동이라 한다. 반면 기대에 미치지 못하면 고객 불만이라고 하는데, 이때 불만은 고객의 머릿속에 오랫동안 간직되고 남에게 잘 전달되는 속성이 있다. 불만 사항을 해결하기 위해서는 여러 가지 방법이 필요한데, 그 중의 하나가 보상이다. 고객은 만족한 내용보다는 불만족한 내용을 오래도록 기억한다는 것을 잊지 말아야 한다.

### ③ 불만에 대한 무표출

고객은 불만이 있더라도 그것을 어떻게 표현해야 하는지 잘 알지 못하는 경우가 많으며 방법 또한 너무 많아 어떤 것이 불만을 드러내는 데 유용한 방법인지 잘 몰라 안 좋은 기억을 간직한 채 그대로 넘어가는 경우가 종종 발견된다.

조금 손해를 보더라도 참거나 거래를 끊으면 그만이라 생각하며 불만을 토로하는 자체가 시간 낭비이고 덧없는 것으로 여긴다. 한 연구에 의하면 고객 중 불만을 표현하지 않은 대다수의 사람들은 말없이 다른 경쟁업체로 가버린다고 한다. 그러므로 기업은 불만을 얘기하는 고객의 소리에 귀를 기울이고 적극적으로 고객의 불만을 수용하는 자세가 필요하다.

## (2) 고객의 구매 행동

고객의 구매 행동은 상품 구매 욕구의 자극에 소비자들이 어떻게 반응하는가를 나타내는 것이다. 소비자의 구매 행동 모델에 따르면 새로운 상품이나 가격, 광고 등의 마케팅과 환경적인 자극을 받게 되면 소비자의 심리적 변화가 구매 의사 결정 과정을 거쳐 자극에 반응하게 된다고 밝히고 있다. 소비자들은 유사한 자극을 받더라도 구매 행동은 다양하게 반응하게 되는데, 이는 소비자의 문화, 라이프스타일, 개성 등과 같은 요인들이 영향을 미치기 때문이다.

## 1) 구매 의사 결정

구매 의사 결정의 과정은 소비자 개인이나 상품 그리고 상황에 따라 달라진다. 소비자가 어떤 상품의 구매에 대해 가지는 관심은 다음과 같이 세 가지 요인에 의해 결정된다.

- 개인적 특성: 동일한 상품이라 하더라도 구매자의 개성이나 기호, 선호하는 가치 등의 개인적 특성에 따라 상품에 대한 관심도가 달라진다.
- 제품: 가격이나 기능, 구매자의 기대 수준 등 상품이 지니는 효용성에 따라 구매에 대한 욕구 수준이 달라진다.
- 상황: 구매하는 상품의 최종 소비자 용도나 구매의 목적 등에 따라 구매 의사 결정이 달라진다. 구매에 대한 관심이 높아질수록 소비자들은 더 많은 상품 정보를 탐색하여 상품에 내재된 가치를 평가한다.

구매 의사 결정의 과정은 욕구의 인식, 정보의 탐색, 대안의 평가와 구매, 그리고 구매 후 행동 등으로 이루어진다.

> 욕구의 인식 – 정보 탐색 – 대안의 평가 – 구매 결정 – 구매 후 행동

### ❶ 욕구의 인식

욕구는 배고픔이나 갈증과 같은 내적인 결핍, 그리고 시각적 또는 감각에 의해 새로운 외적인 자극 등에 의해 지각되며 이러한 욕구가 계속해서 높아져 그 결과 소비를 통해 문제 해결을 하려고 한다. 동기(motive)가 유발된 소비자는 원하는 대상에 대해 정보를 탐색하고 대안을 평가하여 구매 의사 결정을 하려고 한다. 따라서 기업은 고객에게 욕구와 니즈(needs)가 무엇인지 관심을 가지고 파악해 내는 것이 중요하다.

### ❷ 정보 탐색

욕구 인식의 다음 단계로 이제는 구매를 구체화할 수 있는 여러 정보들을 수집하고 현명한 선택을 위한 정보 탐색의 단계를 거치게 된다. 다양한 정보들은 가족 및 친지, 친구 등의 인적 자원을 통해 전달 받을 수도 있으며 광고, 전시물 및 현장 직원, 포장 등 기업에서 내보이는

상업적인 내용으로부터 얻을 수도 있다. 또한 대중 매체, 소비자 단체 등의 공공적 원천이나 이전에 사용해 본 경험이 있는 다른 대상으로부터의 후기를 통하여 정보를 습득하게 된다.

소비자는 정보 탐색 과정을 통해 다양한 브랜드, 종류, 기능, 구매 경로 등의 정보를 얻는다. 기업의 입장에서는 자사의 상품 가치를 높게 인지할 수 있도록 정보 원천이 될 수 있는 경로를 최대한 활용하는 것이 중요하다.

### ❸ 대안의 평가

고객은 정보 탐색을 통해 얻은 대안들을 비교하고 평가하는 단계를 거친다. 평가의 기준은 욕구에 따라 달라진다. 일반적으로 상품의 성능, 디자인, 가격, 브랜드 등이 평가에 이용된다. 고객은 '보완적 평가'를 통해 하나의 요인만으로 판단하는 것이 아닌 동시에 여러 가지 요인들을 비교 평가하게 된다. 하지만 이따금 소비자가 가장 중요시하는 한 가지 속성만을 기준으로 평가하는 경우도 있는데, 예를 들면 소비자가 가격이나 성능 등의 속성에는 관심이 없고 오직 디자인만을 가장 중요하게 평가한다면 이 한 가지 속성의 단점은 다른 속성들이 아무리 좋다고 하더라도 보완되지 않는다. (비보완적 평가) 그러나 대부분의 소비자는 모든 구매 결정에 개인의 능률이나 상품, 시장 상황 등과 같은 복합적인 요소를 반영한다.

### ❹ 구매 결정

대안의 평가를 통해 소비자들은 자신이 선호하는 브랜드나 상품에 대한 구매 의도를 알아내며 이것이 구매로 이어질 수도 있지만 그렇지 않을 경우도 있다. 구매 의도와 구매 결정 간에는 다른 사람들의 태도에 의해 소비자 스스로 평가한 대안의 구매 의도가 영향을 받으며 예상 밖의 재정 상태 악화, 경쟁 상품의 가격 인하 등 예상치 않은 상황과 요인들이 서로 상호 작용하여 구매 또는 비구매로 연결되게 된다.

### ❺ 구매 후 행동

소비자는 상품을 사용함으로써 자신이 가졌던 기대와 경험을 비교하여 만족 또는 불만족을 느끼게 된다. 그 결과에 따라 구매 후의 행동이 달라지는데 만족한 소비자는 반복적인 재구매를 할 가능성이 커지며 소비 경험을 다른 사람에게 전달하기도 하는 긍정적인 효과를 불러일으킨다. 불만족한 소비자는 더 이상의 구매를 하지 않으며 이러한 만족스럽지 못한 자신의 경험을 다른 소비자들에게 전달한다. 기업의 입장에서는 구매 후 행동에 대한 만족

도를 높이기 위해 애프터서비스를 강화하고 다양한 소통 채널, 즉 고객의 소리를 통해 불만 사항을 인지하고 즉각적으로 이를 해결하려는 체계를 구축해 나가고 있다.

### 2) 구매 행동의 영향 요인

#### ❶ 문화적 요인

소비자들은 자신이 속한 문화의 영향권에서 기본적 가치와 인식, 욕구, 행동 양식을 습득한다. 문화란 한 사회의 개인이나 집단이 자연을 변화시켜온 물질적·정신적 과정의 산물로 조직 구성원들의 심리와 행동에 영향을 미치는 환경 요소로써 소비자 행동에 전반적인 영향을 미친다. 비슷한 삶의 방식에 따라 서로 공통적인 가치관을 갖는 사람들끼리 공유하는 또 다른 문화가 형성된다. 하위 문화는 인종, 지역, 종교, 세대에 따라 공유하는 가치가 다르며 이러한 차이를 이해하고 이들 구성원들의 구매 행동에 적합한 상품의 가치를 창출하는 것이 중요하다.

현대 사회는 계층이 없는 것처럼 보이지만 뚜렷한 경계선이 없는 '소리 없는 계층'이 존재하고 있다. 사회 계층은 상류층, 중류층, 하류층 등 사회 계층 구조로 분류된다. 동일한 소득이나 직업, 연령, 교육 수준, 사회적 영향력 등 다양한 기준에 따라 가치관과 욕구, 소비 행태가 비슷한 사람들은 비슷한 계층에 속한다고 할 수 있으며 기업은 소비자 집단을 분류하는데 사회 계층을 기준으로 삼는 경우가 많다.

#### ❷ 사회적 요인

준거 집단(reference group)이란 구매 결정 과정에서 비교의 기준으로 삼는 집단을 의미하며 가족이나 동료, 동호회 등 자신이 속해 있는 집단 그리고 자신이 소속되기를 원하는 집단 등을 말한다. 준거 집단 소비자는 구매를 결정할 때 주변 사람들이 무엇을 가지고 있는지를 의식하는 경향이 강하다. 준거 집단은 개인의 생활 양식이나 태도, 자아 실현의 목표 그리고 나아가서 선호도에도 영향을 미친다. 준거 집단에는 전문성과 지식, 개성, 리더십 등으로 구성원들의 행동 양식에 영향을 주는 리더가 존재한다.

이러한 사회적 집단 중 가족은 소비자의 구매 행동에 가장 큰 영향을 미치는 요소이다. 가족의 구성이나 경제 주체자에 대한 가치관 및 라이프스타일 등은 상품의 계획 단계부터 판매에 이르기까지 기업의 마케팅에 새로운 패러다임을 초래하고 있다.

❸ 개인적 요인

개성은 개인을 특징짓는 속성으로써 생리적, 심리적, 사회 환경적 요인을 모두 포함하는 개념이다. 개성은 특정 상품이나 브랜드를 선택하는 데 많은 영향을 미치기 때문에 기업은 주요 고객이 어떤 개성을 가지고 있는가를 파악하는 것이 중요하다. 소비자는 실제적 자아 개념에 어울리는 특정 상품이나 브랜드를 통해 이상적인 자아를 실현하고자 하는 욕구를 지닌다.

의류와 외식, 가구, 레저 등은 연령에 따라 선호도에 차이가 분명하게 드러나는 경향이 있다. 가족의 구성 방식으로 예를 들면, 독신, 신혼 부부, 육아와 청소년 자녀를 둔 가족, 노년 부부 등의 단계를 거치면서 일상생활 및 행동 양식이 변화한다. 기업은 주요 고객의 연령이나 라이프스타일을 파악하고 그들이  어떠한 상품을 선호하는가에 따라 마케팅 전략을 수립한다. 라이프스타일(lifestyle)은 개인이 세상을 살아가는 방식이나 시간과 돈을 소비하는 방식으로 일이나 취미, 쇼핑, 레저 및 친목 활동 등의 생활 방식, 일상생활에서의 가치들을 일컫는다. 기업은 소비자 유형별로 라이프스타일을 분석함으로써 구매자의 가치관이나 생활 방식, 소비 패턴 등이 어떻게 구매 행동에 영향을 미치는지 꾸준히 연구하고 파악해야 한다.

❹ 심리적 요인

🧍 동기

배고픔, 갈증, 피곤함 등의 생리 충동에서 비롯되는 감정으로 인간이 지니는 다양한 요구들 가운데 행동을 불러일으킬 만큼 충분한 수준의 강도를 느낄 때 이를 동기(motive)라고 한다. 기업은 소비자의 무의식적 동기를 파악하기 위해 심층 면접이나 심리적 도구를 이용하기도 한다.

🧍 학습(learning)

경험에 의해 형성된 신념이나 태도, 행동의 변화를 말한다.

• 동인: 행동을 유발하는 강한 내적 자극

- 단서: 언제, 어디서, 어떻게 반응할 것인가를 결정하는 데 영향을 주는 자극
- 반응: 충동이나 단서에 자극을 받아 취하는 행동

습관적 구매와 같은 일상적 구매 행동은 모두 학습의 결과이다.

### 🧍 신념

자신이 가진 믿음이나 생각에 대하여 흔들림 없는 태도를 취하며 변하지 않는 것을 말한다. 소비자는 특정한 상품에 대한 신념을 통해 태도를 형성하며 구매 행동에 영향을 받는다. 이때 태도(attitude)란 한 개인이 어떤 대상에 대해 지속하는 호의적 · 비호의적 감정을 말한다. 기업은 소비자 집단이 자사의 브랜드나 상품에 대해 긍정적인 신념을 가질 수 있도록 노력해야 한다.

## 제3절   고객 만족

## 1. 고객 만족의 개념

고객 만족은 고객의 성취 반응으로 고객의 기대를 정해진 수준 이상으로 충족하는 것이다. 품질은 인지되지만, 만족은 보통 경험되는 것이므로 고객의 감정적 과정에 의해 강하게 영향 받는다. 만족은 이렇게 정해진 주관적인 기대 수준에 의해 좌우되므로 객관적으로 낮은 혹은 높은 품질로도 개인의 기대에 따라 만족을 얻거나 얻지 못하는 경우가 생긴다. 품질과 만족의 관계성을 살펴보면 품질 판단의 기준은 비교적 구체적인 데 반해 만족에 대한 판단은 서비스 제공자가 통제할 수 없는 요소로 품질과 상관없이 다양한 형태로 나타날 수 있다. 또한 만족은 품질 외적인 요소, 즉 평등 의식이나 공정성 같은 것에 의해서도 크게 좌우될 수 있다. 인지적이고 감정적 과정에 많은 영향을 받기 때문에 높은 품질에도 불구하고 불만족한 경우를 볼 수 있다. 이상으로 볼 때 서비스에서의 고객 만족이란 서비스 제공에 따른

고객의 일정한 수준 혹은 기대 충족의 성취 반응이라 할 수 있다. 고객 만족은 곧 기업이 생존하기 위한 필수 조건이기 때문에 오늘날 모든 기업들의 최대 관심은 고객 만족이다. 고객 만족을 위해서는 서비스의 품질뿐 아니라 서비스에 대한 고객의 주관적 선호도, 브랜드 충성도나 서비스를 구매하고 사용하는 환경 등이 모두 포함된다.

## 2. 서비스 품질 고객 만족

### (1) 고객의 기대 수준

고객의 기대는 상대적이며 주관성이 강하다. 즉 고객 개개인의 경험에 의해 고객의 기대는 형성되며 성별, 연령, 체격, 직업, 라이프스타일(LifeStyle), 문화, 지역성에 따라 기대의 수준이 다르고 기대의 모양도 다양하다. 고객 만족은 서비스 업체가 대규모의 최신 시설을 갖추어야하는 것만은 아니며 인적 서비스의 양과 질이 많거나 높다고 이루어지는 것도 아니다. 서비스의 이용 목적과 종류에 따라 고객의 기대 수준은 천차만별이며 그 평가도 상대적이다. 관광지에서 숙박하기 위해 여러 명이 함께 사용하는 도미토리와 같은 숙박 시설에서는 매우 조용한 분위기, 고급스런 인테리어, 비싼 음식 등을 기대하지 않는다. 반면 유명 브랜드 호텔을 사용한다면 목적은 숙박으로 동일하지만 고급스러운 실내 장식과 세심한 서비스, 다양한 부대시설 등을 기대하게 된다. 서비스의 기대 수준이란 고객이 원하는 서비스를 상한점으로 최저 서비스를 하한점으로 설정하여 형성하게 된다. 특히 습관화된 기대로 머릿속에 설정되어 있던 서비스가 제공되지 않으면 기대의 파괴가 일어난다.

고객이 기대 수준과 비슷한 정도의 서비스를 제공 받았다면 고객 만족을 느낄 것이고 기대 이상의 서비스를 받았다면 고객 만족을 넘어 고객 감동으로 이어질 것이다. 하지만 기대 수준에 못 미치는 서비스가 제공되면 부정적인 영향을 미쳐 고객은 만족하지 못하고 결국은 고객 불만 및 고객 상실로 이어지게 된다.

- 고객 기대 < 제공된 서비스: 고객 감동
- 고객 기대 = 제공된 서비스: 고객 만족
- 고객 기대 > 제공된 서비스: 고객 불만, 고객 상실

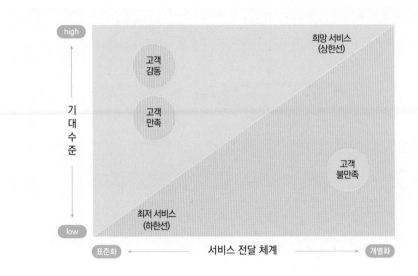

[그림 2-1] 고객서비스 기대 수준

## (2) 서비스 품질과 고객 만족도 영향 요인

서비스가 적극적이면 고객의 만족도는 증가할 가능성이 크지만 서비스의 내용에 따라 고객 만족도에 미치는 효과는 달라지며 서비스 품질과 고객의 만족도는 반드시 비례하지 않는다. 고객 만족에는 불만족 요인과 만족 요인이 동시에 작용한다. 고객은 자신의 욕구가 충족된 상태에서도 여전히 불만족일 수 있다. 고객은 특정한 서비스에 대해 가지고 있던 불만이 해소되었음에도 불구하고 또 다시 새로운 것에 대한 만족감을 느끼지 못하는 '한계 효용 체감의 법칙'을 따르기 때문이다. 고객의 만족과 불만족을 설명하는 카노 모형(Kano model)을 살펴보면 서비스 품질과 고객 만족도의 관계를 알 수 있다. 효과적인 서비스를 위해서는 주관적 차원으로 고객의 만족과 불만족, 객관적 차원으로 고객 욕구의 충족과 미충족과 같은 주관적이고 객관적인 양면을 모두 고려해야 한다. 그림에서 보여지는 바와 같이 X축은 서비스 결과의 차원에서 고객의 욕구를 어느 정도 충족시켰는가를 나타내는 축이고, Y축은 고객이 느끼는 불만족과 만족의 정도를 나타내고 있다. 아래의 불만족도 곡선은 서비스가 충족된 상태로 불만은 줄어들지만 만족도는 증가하지 않는다. 반면에 위의 만족도 곡선은 서비스가 충족되면서 만족도는 증가하지만 서비스가 충족되지 않더라도 고객은 불만을 느끼지는 않는다. 따라서 기업은 고객의 불만족 요인과 만족 요인을 분리하여 불만족한 요인을 충족시

키는 동시에 만족 요인을 강화하는 노력이 필요하다.

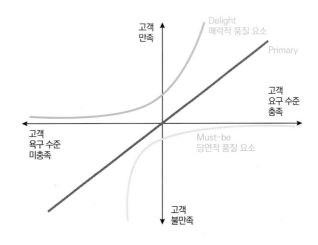

[그림 2-2] Kano 모델

## (3) 서비스 고객 만족에 긍정적인 영향을 미치는 요인

### ❶ 필수적 요인

서비스가 반드시 갖추고 있어야 할 요인(must-be quality element)이다. 이 요인들은 달성되거나 심지어 초과 달성되더라도 그 자체만으로는 만족도를 높이지 못한다. 그러나 이 요인이 충족되지 못하면 고객은 불만족을 느낀다. 예를 들어, 무더운 여름날 횡단보도 앞에서 길을 건너려고 기다릴 때 그늘막이 있으면 좋겠다는 기대를 한다. 하지만 그늘막이 있는데 그것이 고급 천 소재로 되어 있다고 해서 더 큰 만족감을 가져오지는 않는다는 것이다.

### ❷ 서비스 전달 요인

고객이 기대하고 있고 서비스의 전달이 좋을수록 만족도가 더 높아지는 일차원적인 요인이다. 서비스 전달 요인은 만족과 불만족의 경험을 결정하는 직접적인 요인이다.

### ❸ 서비스 매력 요인

고객의 입장에서 예상하지 못한 훌륭한 서비스를 제공받게 된다면 고객은 기대하였던 것

보다 더 큰 기쁨을 느끼게 된다. 그러나 기대하지 않은 서비스이기 때문에 제공받지 않더라도 불만족을 느끼지는 않는다.

#### ❹ 무관심 및 불확실 요인

고객이 제공받는 서비스에 대해 가치를 느끼지 않는 요인이다. 따라서 고객의 만족과 불만족이 서비스 품질에 영향을 미치지 않는 요인이다. 한편, 고객의 기대가 모호하거나 서비스 결과가 불확실한 서비스 요인이 있다. 예를 들면, 소아과 병원의 대기실 TV에 드라마를 틀어 놓는다면 이를 좋아하는 고객도 있겠지만 이를 좋아하지 않는 고객도 있다.

#### ❺ 역효과 요인

서비스가 제공되면 오히려 고객의 불만족을 일으켜 역효과를 내는 요인이다. 예를 들어, 서비스하는 직원이 기분 좋으라고 고객에게 연예인을 닮았다고 말했다고 해보자. 닮았다는 연예인이 고객이 좋아하지 않는 연예인일 수도 있고, 고객이 누군가와 비교당하는 것을 싫어할 수도 있다. 그런 말을 함으로써 의도와 다르게 오히려 고객의 기분을 나쁘게 할 수 있는 상황과 같은 경우를 말한다.

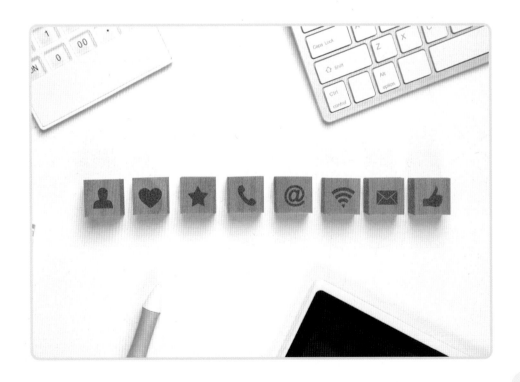

Memo

# Quiz

❶ 고객 개념을 시대별 변화에 따라 구분하여 설명하시오.

❷ 고객의 구매 행동 중 의사 결정 과정의 절차를 설명하시오.

❸ 제공되는 서비스와 고객의 기대 간의 상호 작용을 통한 고객 만족의 관계를 설명하시오.

Memo

# Chapter 3

# 서비스 마케팅

Chapter

3

## 제1절   서비스의 개념

마케팅이란 조직 또는 개인이 소비자에게 재화, 서비스 또는 가치를 전달하는 것과 관련된 일련의 활동이다. 본 장에서는 조직 또는 개인이 소비자에게 전달하는 내용 중 하나인 서비스에 대해 알아보고 서비스 마케팅은 어떻게 이루어지는지에 관하여 살펴보자.

### 1. 서비스란 무엇인가

서비스란 단어를 들어보지 못한 사람은 없을 것이다. 우리가 일상생활 속에서 구매하고 사용하고 효용을 느끼는 것들 중 대부분이 서비스이다. 서비스는 워낙 광범위한 뜻을 지니는 단어이고, 그 뜻들이 어떻게 보면 비슷해 보여 헷갈릴 수 있다. 본 장에서는 서비스의 여러 가지 뜻 중 재화와 관련한 서비스에 알아보고자 한다.

보통 서비스를 재화와 반대되는 단어로 사용한다. 재화는 '사람의 욕망을 만족시키는 물질'이라고 정의할 수 있다. 여기서 주목할 것은 재화는 물질이라는 것인데, 이와 반대되는 서비스는 사람의 욕망을 만족시키는 '비물질적인 활동'이라고 할 수 있다. 서비스란 단어에 포함될 수 있는 것들이 너무 많기 때문에 이것들을 하나로 묶는 정의를 내리기는 쉽지 않은 일이다. 따라서 서비스란 '사람의 욕망을 만족시키는 효용을 제공한다', '비물질적이다'라고 이해하면 된다. 마사지를 예로 들어보자. 마사지는 일단 눈에 보이지 않는다. '마사지는 사람이 하기 때문에 재화라고도 할 수 있지 않나?'라고 생각할 수 있다. 그러나 마사지를 해주는 사람은 마사지사이다. 여러분들은 마사지숍을 가서 '마사지사'를 구매하는 것이 아니라 마사지사가 제공하는 '마사지 서비스'에 대한 대가를 지불하는 것이다. 마사지의 또 다른 특징은, 오늘 제공하지 못한 마사지 서비스를 창고에 저장해놨다가 내일 오는 손님에게 제공할 수 없다. 그리고 마사지 자체의 품질은 고객 개인마다 느끼는 바가 다르므로 정량화하기가 힘들다는 특징이 있다. [표 3-1]은 이러한 서비스의 특징을 재화(제품)과 비교하여 서술하고 있다.

● [표 3-1] **제품과 서비스의 비교**

| | 제 품 | 서비스 |
|---|---|---|
| 산출물의 특성 | 유형, 내구적 | 무형, 보관 불가능 |
| 재고의 보유 | 산출물에 대한 재고 축적이 가능 | 산출물에 대한 재고 축적이 불가능 |
| 고객 접촉 | 적음 | 많음 |
| 생산 설비 규모 | 대규모 설비 | 소규모 설비 |
| 산업 특성 | 자본 집약적 | 노동 집약적 |
| 품질 | 품질 측정이 용이 | 품질 측정이 곤란 |

출처: Krajewski, Lee J. and Larry P. Lizman (1999), *Operations Management*, Addison Wesley, 5th ed. 중 일부 발췌

흔히 재화와 서비스의 개념을 나누어 설명하기 위해 재화는 물질적, 서비스는 비물질적이라고 구분한다. 직관적으로 보이지만 그렇다고 해서 둘을 나누어서 자신이 현재 어떤 재화, 어떤 서비스를 소비하고 있다고 항상 명확히 말하기는 쉽지 않고 크게 의미 있는 일도 아니다. 재화와 서비스는 보통 함께 제공되는 경우가 많기 때문이다. 여러분들이 배가 고파서 음식을 배달시켜 먹으면 눈앞에 제공되는 것은 배달 온 음식이지만, 먼 곳에서 집까지 배달해준 배달 서비스도 사실은 제공되고 있다. 따라서 재화와 서비스는 상호 보완적인 관계라고 할 수 있다.

## 2. 서비스의 특성

[표 3-1]에 제품과 서비스를 비교하면서 서비스의 특성을 간략하게 제시했지만, 보다 구체적인 서비스의 중요한 특성으로는 크게 4가지가 있다.

👥 **서비스의 네 가지 속성**

❶ 무형성(Intangibility): 재화와 구별되는 서비스만의 가장 명확한 특징 중 하나가 무형성이다. 이 무형성이라는 특징 때문에 서비스는 보통 촉진 제품과 함께 제공된다. 촉진 제품이란 서비스를 보완해줄 수 있는 제품을 의미한다. 예를 들어 배달 서비스는 편리함이 장점이지만, 배달해주는 재화(음식 등)가 없으면 큰 의미가 없는 서비스이다. 따라서 서비스만을 소비자에게 제공할 수 없거나 제품과 함께 제공했을 때 더 큰 가치를 지니는 서

비스는 촉진 제품들과 함께 제공된다. 하지만 서비스의 무형성 때문에 소비자들은 눈에 보이는 재화만을 소비한다고 생각하기 쉽다. 이것이 서비스가 그 가치보다 낮게 평가받는 이유 중 하나이기도 하다.

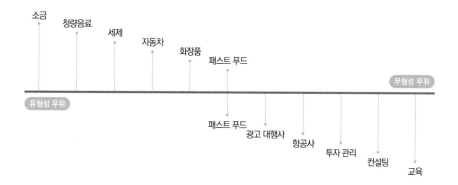

출처: Zeithaml, V. A., Bitner, M J. & Gremler, D. D. (2006), *Service Marketing-Integrating Customer Focus Across the Firm*, McGraw-Hill International Edition, 4th edition, p. 6.

[그림 3-1] 유형성 스펙트럼

❷ 소멸성(Perishability): 소멸성이란 서비스는 재고가 존재할 수 없다는 뜻과 같다. 서비스는 생산됨과 동시에 소비자에게 제공되며, 제공됨과 동시에 서비스는 소비자의 경험으로 전환된다. 4장에서 항공운송 서비스의 특성에 대해 서술하면서 서비스의 소멸성도 이야기했다. 항공기의 좌석이 300개 준비되어 있는데 100석만 찬다면 200석은 소비되지 않고 소멸되는 것이다. 일반적인 제품을 생산하는 기업에서도 소비자의 수요 예측은 매우 중요한 이슈이지만, 특정 서비스를 제공하는 기업은 소멸성 때문에 더더욱 수요 예측이 중요하다.

❸ 동시성(Simultaneity): 서비스의 소멸성을 이야기하며 서비스는 재고가 존재하지 않는다고 했다. 이 말은 서비스가 생산과 동시에 소비자에게 전달되며 소비된다는 것이다. 서비스가 생산과 동시에 전달되려면 서비스 생산자와 소비자가 직접 접촉해야 한다. 따라서 서비스 생산자와 소비자의 상호 작용이 매우 중요하며 이에 따른 종업원 훈련이 선행되어야 한다.

❹ 변동성(Variability): 서비스의 변동성은 서비스의 질이 서비스 생산자의 입장에서나 소비자의 입장 모두에서 항상 같을 수 없다는 것을 의미한다. 앞서 서비스의 동시성에서 언

급했듯이 서비스는 대부분 생산자가 소비자와 직접 접촉하며 이루어진다. 소비자의 입장에서는 같은 서비스를 소비한다고 해도 그날의 컨디션이나 다양한 상황 때문에 제공받는 서비스의 질이 평소와는 다르다고 느껴질 수 있다. 서비스 생산자도 마찬가지로 본인의 컨디션이나 소비자의 태도 등과 같이 다양한 요소에 따라 영향을 받기 때문에 항상 동질의 서비스를 제공한다고 말하기 힘들다. 이러한 요소 때문에 아무리 좋은 서비스를 제공한다고 해도 고객 문의가 생길 수밖에 없는 것이다. 따라서 많은 서비스 기업들은 서비스 생산자의 능력, 자질 등을 향상시킬 교육 훈련을 통해 서비스의 변동성에 대비하고 있다.

## 3. 서비스의 분류 – 서비스 공정 매트릭스

서비스는 무형성, 소멸성, 동시성, 변동성의 특성으로 재화와 분류되지만, 이러한 서비스도 다양하게 분류할 수 있다. 분류법 중 하나가 노동 집약도의 정도, 고객 상호 작용과 고객화의 정도의 높고 낮음을 기준으로 4가지 카테고리로 서비스를 분류하는 것이다.

출처: Schmenner, R.W.(1996), "How can service businesses survive and prosper" Sloan Management Review, Vol. 27, Spring, p.25

[그림 3-2] 서비스 공정 매트릭스

[그림 3-2]의 서비스 공정 매트릭스는 서비스에 영향을 주는 큰 두 가지 요소인 노동 집약도와 고객과의 상호 작용(고객화의 정도)을 기준으로 서비스를 분류하고 있다. 노동 집약도란 생산물을 한 단위 산출하는 데 투입되는 생산 요소 중 노동이 차지하는 정도를 의미하며 각 카테고리 안에 있는 서비스는 해당 카테고리의 예시이다. 두 기준은 분류를 위해 사용한 것으로써 서비스 공장의 서비스가 전문 서비스의 서비스보다 못하다는 것은 결코 아니다.

### 🚶 서비스 공정별 특성

① 서비스 공장: 노동 집약도가 낮고, 고객과의 상호 작용도 낮은 서비스이다. 노동 집약도가 낮기 때문에 상대적으로 높은 자본 집약도를 활용하여 생산이 가능한 표준화된 서비스를 공장처럼 대량으로 공급하는 특성이 있다. 서비스 제공 스케줄링과 표준화된 운영 절차, 기술적 발전이 중요하다.

② 서비스 숍(shop): 노동 집약도가 낮고, 고객과의 상호 작용은 높은 서비스이다. 고객과의 상호 작용이 높기 때문에 인력을 지속적으로 개선해야 한다. 또한 서비스 공장과 마찬가지로 노동 집약도가 낮기 때문에 인력 관리와 더불어 기술적 발전, 서비스 품질 유지가 중요하다.

③ 대량 서비스: 노동 집약도가 높고 고객과의 상호 작용은 낮은 서비스이다. 노동 집약도가 높기 때문에 종업원을 고용하고 훈련시키는 데 집중해야 한다. 또한 이러한 종업원들을 훈련시키는 것에만 집중하기보다 이들의 복지 또한 감안하여야 한다.

④ 전문 서비스: 노동 집약도가 높고 고객과의 상호 작용도 높은 서비스이다. 노동력 스케줄링과 종업원의 충성도 획득, 고객의 개입에 대처하는 능력 함양 등이 중요하다.

## 4. 서비스의 분류 – 서비스의 네 가지 영역

서비스 분류 기준이었던 노동 집약도의 정도, 고객 상호 작용과 고객화의 정도 말고도 서비스의 직접적인 수혜자, 서비스 행위의 본질을 기준으로도 서비스를 분류할 수 있다. 구체적으로는 서비스의 직접적 수혜자를 사람과 물리적 대상물로 구분하고 서비스 행위의 본질은 유형적, 무형적 행위로 구분한다.

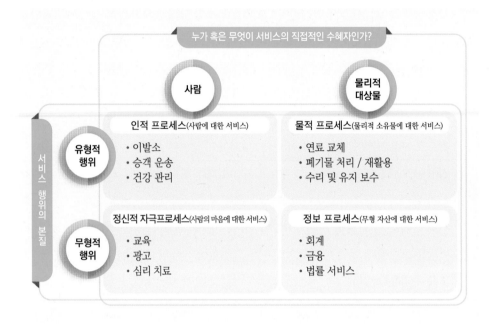

출처: Christopher H. Lovelock, "Classifying Services to Gain Strategic Marketing Insights", *Journal of Marketing*, Vol.47, 1983, pp.9–20. Jochen Wirtz, et al., Essentials of Services Marketing, 2nd ed., Pearson Education Ltd., 2013, pp.14–17에서 재인용.

[그림 3-3]　서비스의 네 가지 영역

## 🚶 서비스 영역별 특성

**1** 인적 프로세스 영역: 서비스 행위가 특정한 형태를 띠고 서비스의 직접적인 수혜자가 사람인 경우이다. 따라서 서비스의 대표적인 특성처럼 서비스의 생산과 소비가 동시에 이루어진다. 예시인 이발소와 승객 운송 등을 보면 알 수 있듯이 서비스의 수혜자는 서비스 제공자에게 본인이 원하는 서비스를 구체적으로 전달해야 한다. 본인이 원하는 머리 스타일을 제대로 설명하지 않으면 이발사는 고객이 원하는 서비스를 제공할 수 없기 때문이다.

**2** 물적 프로세스 영역: 서비스 행위가 특정한 형태를 띠고 서비스의 직접적인 수혜자는 사람이 아닌 물리적 대상물일 경우이다. 인적 프로세스 영역과 가장 구분되는 특징은 생산과 소비가 동시에 이루어지지 않는다는 것이다. 또한 서비스의 직접적인 수혜자가 물리적 대상물이기 때문에 대표적인 예시로는 고장난 기계의 수리, 연료 교체 등이 있다.

❸ 정신적 자극 프로세스 영역: 서비스 행위가 특정한 형태를 띄지 않고 서비스의 직접적
인 수혜자가 사람인 경우이다. 정신적 '자극'이라는 표현에 주목할 필요가 있다. 여기
서의 자극은 부정적인 의미가 아니라 고객을 감동시켜 고객이 특정 브랜드에 가지는
태도에 영향을 끼치도록 한다는 것이다. 인적 프로세스 영역의 특징과 마찬가지로 서
비스가 제공되는 현장에 있어야 하고, 서비스는 미래의 소비를 위해 저장되거나 반복
적으로 사용될 수 있다는 특징이 있다.

❹ 정보 프로세스 영역: 서비스 행위가 특정한 형태를 띄지 않고 서비스의 직접적인 수혜
자가 물리적 대상물인 경우이다. 이 영역은 무형 자산에 대한 서비스가 대다수이다. 예
시로 제시된 회계, 금융 서비스 외에도 경영 컨설팅, 의료 진단 등과 같은 전문적인 서
비스도 포함된다. 무형적 행위이기 때문에 정신적 자극 프로세스 영역과 혼돈하지 않
도록 주의해야 한다.

## 5. 서비스의 의의

앞서 서비스란 무엇이고 서비스의 특성으로는 무엇이 있는지 알아보았다. 그렇다면 우리
는 왜 서비스에 집중해야 하는가? 전 세계적으로 서비스 산업의 부가가치가 GDP에서 차지
하는 비중이 제조업이 차지하는 비중보다 크기 때문이다. 이와 더불어 가장 현실적인 대답
은 서비스 산업의 취업자 비중이 제조업의 취업자 비중보다 2배 이상 많고 서비스업이 제조
업보다 고용 창출 효과가 더 크기 때문이라고도 할 수 있다.

● [표 3-2] GDP 기준 서비스 산업 부가가치의 비중 (단위: %)

|  | 2010 | 2013 | 2016 |
| --- | --- | --- | --- |
| OECD 평균 | 73.7 | 73.7 | 75.2 |
| 미국 | 78.4 | 77.9 | 79.9 |
| 영국 | 79.2 | 78.8 | 80.2 |
| 일본 | 70.4 | 71.8 | 70 |
| 한국 | 59.3 | 59.3 | 59.1 |

출처: 심혜정(2017), "우리나라 서비스 산업의 국제적 위상과 일자리 창출 효과". 한국무역협회 *Trade Focus* (40): 9-12. 재인용

● [표 3-3] 전체 고용 대비 서비스 산업 고용 비중 　　　　　　　　　　　　　　(단위: %)

| | 2010 | 2013 | 2016 |
|---|---|---|---|
| OECD 평균 | 72.3 | 72.9 | 73.3 |
| 미국 | 81.2 | 81 | 80.9 |
| 영국 | 79.7 | 80.3 | 80.5 |
| 일본 | 70.8 | 71.7 | 72.6 |
| 한국 | 67.8 | 68.8 | 69.9 |

출처: 심혜정(2017), "우리나라 서비스 산업의 국제적 위상과 일자리 창출 효과". *한국무역협회 Trade Focus* (40): 9-12. 재인용

　　위의 표를 보면 전 세계적으로 서비스 산업의 중요성이 대두되고 있는 것을 알 수 있다. [표 3-2]에서 GDP 기준 서비스 산업 부가가치의 비중은 2016년 기준 OECD 평균값이 75.2%이다. 전체 산업을 제조업과 서비스 산업으로 나누어 생각해봐도 서비스 산업의 비중이 제조업 비중의 3배에 육박한다. [표 3-3]에서는 전체 고용 대비 서비스 산업의 고용 비중을 보여주고 있는데, OECD 평균값이 73.3%이다. [표 3-2]의 경우에서와 마찬가지로 서비스업이 제조업보다 압도적으로 높은 수치임을 알 수 있다. 물론 이러한 수치를 가지고 서비스 산업이 제조업보다 우월한 산업이고 3배만큼의 가치를 지니는 사업이라고 단정지을 수는 없다. 한국은 반도체, 자동차, 선박 등 다양한 제조업 분야가 여전히 강한 나라인 것이 사실이다. 하지만 세계적으로 서비스 산업의 비중이 커지고 중요성이 대두되고 있는 현 시점에서 이러한 흐름에 탑승하지 못하고 전통적인 제조업만을 고수한다면 세계적인 경쟁에서 고전을 면치 못할 것이다. 현재 한국은 GDP에서 서비스 산업이 차지하는 비중과 서비스 산업의 고용 비중이 OECD 평균치를 따라가지 못하고 있다. 따라서 서비스 산업의 중요성을 깨닫고 서비스 산업의 규모를 키우고 고도화시키는 노력이 국가적인 차원에서 필요한 시점이다.

　　이러한 수치적인 자료를 보고도 서비스 산업의 중요성을 깨달을 수 있지만, 최근 급부상하는 산업들의 예시를 보고도 시대적 흐름을 알 수 있다. 급속한 기술의 진보에 따른 소비자 욕구의 다양화에 따라 음식 배달, 숙박 예약 등 다양한 종류의 신종 O2O서비스(Online to Offline: 온라인과 오프라인을 결합시켜주는 서비스)가 등장했고 우버 택시, 애견 전용 호텔 등 기존 서비스가 점점 고급화되고 새로운 서비스가 되고 있다. 서비스 산업은 무형성, 소멸성, 변동성이라는 어떻게 보면 단점일 수 있는 특성을 지니지만, 그럼에도 불구하고 현재 발전하고 있고 앞으로도 그 중요성은 점차 커질 것으로 예측되고 있다.

## 제2절   제조업과 서비스의 융합

앞서 전 세계적으로 서비스 산업이 제조업보다 부가가치가 크고 고용도 더 많이 한다는 것을 확인하였다. 이러한 현상이 일어나게 된 이유로는 크게 3가지를 생각해볼 수 있다. 첫 번째 이유는 정보 통신 기술(Information and Communication Technologies, ICT)의 발달이다. 기업들은 정보 통신 기술의 발달로 과거에 비해 소비자들과 관련된 다양한 정보를 빠른 시일 내에 얻을 수 있게 되었다. 예를 들어 소비자의 연령, 성별, 직업별 관심사나 선호하는 제품 또는 서비스에 대한 다양한 정보를 획득할 수 있게 된 것이다. 이에 따라 기업들은 각 소비자층에게 맞춤화된 제품 또는 서비스를 제공하는 것에 관심을 갖게 되었다. 또한 자사의 제품, 서비스와 관련된 콘텐츠를 각종 온라인 채널에 유통할 수 있게 되어 이러한 맞춤화된 제품과 서비스를 제공하는 것이 더더욱 중요해졌다. 이는 자연스레 SNS와 각종 온라인 플랫폼 서비스 산업의 발달로 이어졌다.

두 번째 이유는 소비자 욕구의 다양화이다. 이는 정보 통신 기술의 발달과도 연관이 있다. 기업들이 소비자들의 정보를 얻을 수 있는 것처럼 소비자들도 다양한 채널을 통해 기업 자체는 물론이고 기업들의 제품에 대한 정보를 과거보다 매우 세세하게 획득할 수 있게 되었다. 이러한 흐름 속에서 기업들이 다양한 소비자의 니즈에 맞춘 개성 있는 제품과 서비스를 출시하자 이미 많은 정보를 가지고 있는 소비자들은 확실한 자신만의 취향과 구체적인 니즈를 갖게 되었다.

마지막 이유는 글로벌화이다. 다양한 글로벌 기업이 등장하고 이들이 세계 시장을 공략함에 따라 소비자들은 다채로운 서비스를 공급받게 되고, 이에 맞설 더욱 새로운 서비스가 생기는 과정을 되풀이하며 서비스의 품질이 좋아지게 된다. 전 세계적으로 이러한 세 가지 이유 때문에 서비스 산업이 성장하고 있다는 것을 알아보았다. 그렇다면 이렇게 서비스 산업이 성장하는 흐름 속에서 제조 기업과 서비스 기업들은 어떻게 대응하고 있는지 알아보자.

# 1. 제조 기업의 서비스 영역 확대

많은 제조 기업들은 더 이상 제품의 품질을 높이는 것에만 집중하지 않고 탈제조업, 즉 서비스 기업화 현상이 나타나고 있다. 기존 제조업이 제공하는 서비스로는 제품이 고장났을 때 제공하는 A/S 서비스가 대부분이었지만, 이제는 새로운 수익을 창출할 수 있는 서비스 영역을 개발하기 위해 노력하고 있다.

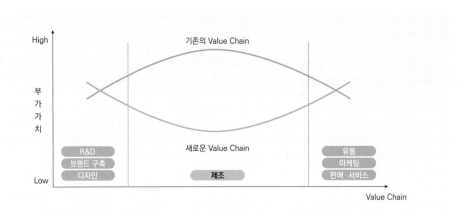

출처: 상명대학교 산학협력단. 2014. *Industry 4.0 기반 글로벌 밸류체인(GVC) 대응 전략 수립 연구*에서 Stan Shih. Growing global. John Wiley & Sons. 재인용

[그림 3-4] 스마일 커브 모델(Smile Curve Model)

[그림 3-4]는 Stan Shin이 제시한 스마일 커브 모델이다. 가치사슬(Value Chain)이란 기업 활동에서 가치 창출에 직접적, 간접적으로 관련된 모든 활동의 연계를 의미한다. 제품 제조에 앞서 해당 제품의 연구 개발, 브랜드 구축, 디자인 등이 선행되어야 하고, 그것이 완료된 후 제조하며, 제조가 완료되면 해당 제품을 마케팅하고 유통해 판매하는 모든 활동의 연계를 가치사슬이라 한다. 과거 제품의 제조가 가치사슬에서 가장 높은 부가가치를 가졌다면 21세기에 들어서는 단순 제조보다 제조 전후 관련된 활동이 더욱 큰 부가가치를 가진다는 것을 보여주는 모델이다. 스마일 커브 모델 역시 제조업의 하락세와 서비스 산업의 상승세를 보여주는 하나의 예시이다.

제조 기업이 다양한 서비스를 개발하여 경쟁력을 보유하게 된 예시로는 롤스로이스를 들수 있다. 롤스로이스는 고급 자동차는 물론이고 항공기 엔진도 만드는 회사이다. 항공기는

한 번에 수백의 고객들을 수송하고, 한 번 이륙하면 목적지에 도착하기 전 착륙하기가 쉽지 않아 항공기 엔진을 수시로 정비해야 한다. 이러한 비용이 막대하여 항공사는 고민이 많았는데, 롤스로이스는 자사의 엔진에 수많은 센서를 탑재한 후 센서로부터 데이터를 받아 각 엔진이 어떠한 문제가 있는지 실시간으로 데이터를 전달받을 수 있게 하였다. 이런 방식의 접근은 롤스로이스로 하여금 항공기 엔진의 정비를 운항 시마다 할 필요가 없게 만들어 상당한 비용을 절감하였다. 롤스로이스의 이러한 서비스를 '토탈 케어(Total Care) 서비스'라 칭한다.

> 롤스로이스의 기존 사업 모델은 다른 제조 기업과 같이 하드웨어인 엔진이나 가스 터빈을 생산하여 고객에게 판매하는 방식이었다. 그러나 90년대 후반 아메리칸 에어라인(America Airlines)사로부터 유지·관리를 포함하는 서비스 형태의 계약을 제안 받게 되고, 이를 계기로 서비스 중심의 새로운 사업 모델을 도입하게 되었다. 항공기 엔진의 특성상 상시적인 유지·관리를 통해 최상의 상태를 유지해야만 승객의 안전과 효율적인 운영이 가능하다. 항공사 입장에서 항공 엔진과 같이 복잡한 제품의 유지·관리를 직접 담당하기보다는 엔진을 개발한 전문 기업인 롤스로이스에게 맡기는 것이 보다 안전하고 효율적으로 항공기를 운영할 수 있었다. 롤스로이스 입장에서도 엔진을 생산해서 판매하면 끝나는 일회성 비즈니스가 아닌 엔진 수명이 다할 때까지 안정적인 매출을 보장받을 수 있는 토털케어(Total Care) 사업은 매력적인 비즈니스였다. … 고객 입장에서는 엔진 구매에 따른 초기 비용을 최소화하고 운영 수익을 통해 엔진 비용을 지불할 수 있게 되었다. 현재 세계의 다양한 항공사가 롤스로이스로부터 토털 케어 서비스를 제공받고 있으며, 롤스로이스 민간 항공기 엔진 사업의 약 50% 매출이 서비스 부분에서 발생하고 있다.

출처: LG 경제연구원(2014), 「비즈니스 모델 혁신으로 제조업의 위기를 극복한 기업들」

롤스로이스의 예시를 통해 제조업들도 질 좋은 제품뿐만 아니라 판매 후 서비스를 포함하여 다양한 서비스를 제공하는 것이 중요해졌다는 것을 알 수 있다.

## 2. 서비스 기업의 서비스 영역 확대

제조 기업만이 서비스를 확충하는 것이 아니다. 고객의 니즈가 다양화됨에 따라 서비스 기업들도 기존에 제공하던 서비스를 고급화하거나 새로운 서비스로 진출하는 모습을 보인다. 기존에 제공하던 서비스를 고급화하는 예시로는 다양한 숙박 시설들을 들 수 있다. 숙박 시설이 제공하는 궁극적인 서비스는 고객들에게 잠자리를 제공해주는 것이다. 그러나 다양

한 숙박 시설들이 방 자체를 고급화시키는 데 한계를 느껴 다양한 부가시설들을 추가하기 시작한다. 수영장은 물론이고 고급 레스토랑, 헬스장, 마사지숍과 같이 숙박 시설 내에 다양한 서비스를 준비하여 경쟁력을 키우고 있다.

새로운 서비스로 진출하는 서비스 기업의 예시로는 카카오를 들 수 있다. '카카오톡'이 국민적인 메신저가 되자 압도적인 숫자의 고객을 기반으로 카카오는 점차 발을 넓히고 다음과 합병한다. 그런 후 카카오뱅크부터 시작하여 카카오택시, 카카오버스 등 대중교통 관련 서비스도 제공하고 있으며 카카오게임즈와 같이 게임 서비스도 제공하고 있다. 새롭게 진출한 서비스의 성공 유무를 떠나서 기존 메신저 서비스를 넘어 다양한 신규 서비스 사업에 도전하는 모습은 서비스 기업도 아무리 서비스 산업이 호황이라 해도 끝없는 신규 경쟁자의 등장으로 경쟁에서 안전할 수 없다는 것을 보여준다.

# 제3절   서비스 마케팅 전략

## 1. 서비스 마케팅 프로세스

마케팅이란 소비자에게 재화, 서비스 또는 가치를 전달하는 것과 관련된 일련의 활동이고, 이는 환경 분석과 STP의 과정을 거쳐 마케팅 믹스를 만들어 전략을 실행하고 사후 관리까지 이어지는 프로세스라고 했다. 서비스 마케팅도 크게 다르지 않다. 다만 서비스 마케팅을 전통적인 제조업 중심의 마케팅과 비교해봤을 때 가장 큰 차이점은 전통적 마케팅이 마케팅 믹스를 4P(제품, 가격, 유통, 촉진)를 기준으로 결정했다면, 서비스 마케팅은 마케팅 믹스를 7P(제품, 가격, 유통, 촉진, 사람, 물리적 증거, 프로세스)를 기준으로 결정한다는 것이다. 기존 4P에 사람(People), 물리적 증거(Physical evidence), 프로세스(Process)가 추가된 것이며, 프로세스를 도식화하면 [그림 3-5]와 같다.

먼저 사람은 서비스의 소비 과정에 직간접적으로 참여하는 사람들을 의미하는데, 이들의 복장, 태도, 세세한 행동 등이 고객의 서비스 품질을 인지하는 데 큰 영향을 미칠 수 있어

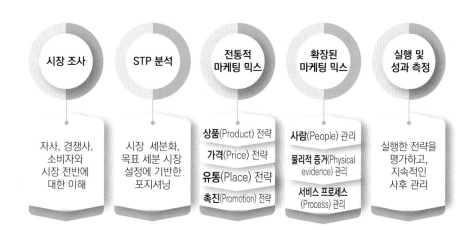

[그림 3-5] 서비스 마케팅 프로세스

중요하다. 다음으로 물리적 증거는 서비스의 전달을 용이하게 하는 유형적인 요소를 의미한다. 서비스가 제공되는 물리적 환경을 의미하는 동시에 서비스 품질을 평가하는 데 긍정적인 영향을 미치는 자격증 등이 물리적 증거의 예시이다. 마지막으로 프로세스는 서비스가 전달되는 절차를 의미한다. 고객은 더 이상 서비스를 소비하는 데 있어서 수동적이고 소극적인 존재가 아니기 때문에 서비스 프로세스의 설계는 양질의 서비스를 개발하는 데 매우 중요한 요소 중 하나가 되었다. 서비스 마케팅 7P 믹스는 [그림 3-6]과 같이 도식화할 수 있다.

## 2. 서비스 마케팅 전략 예시 – 사우스웨스트 항공의 서비스 전략

서비스 마케팅의 성공적 사례로 사우스웨스트 항공의 사례를 많이 든다. 사우스웨스트 항공은 1971년 3대의 항공기로 출발하여 2016년 종업원 35,000명, 매출 204억 달러 규모의 항공사로 발전하였다. 또한 46분기 연속 흑자, 세계에서 가장 존경받는 기업 2위(타임, 2006), 벤치마킹 인기 기업 1위(포춘, 2005)의 기염을 토할 정도로 승승장구한 항공사이다. 경쟁이 심한 미국 항공 산업에서 사우스웨스트 항공은 어떠한 마케팅 믹스로 살아남을 수 있었을까? 가장 돋보이는 전략은 파격적으로 저렴한 가격이다. 사우스웨스트 항공은 다른 항공사와 다르게 비행기 기종을 보잉 737만 운영하고 기내식 최소화, 인터넷 발권, 신속한 탑승 및 하역 등을

기반으로 다른 항공사에 비해 저렴한 티켓값으로 인기를 끌었다. 물론 그것만으로 사우스웨스트 항공이 성공적인 서비스 전략을 펼쳤다고 말할 순 없다. 사우스웨스트 항공이 서비스 마케팅 전략의 예시로 사용될 수 있는 이유는 CEO인 허브 켈러허(Herb Kelleher)가 마케팅 믹스 중 서비스 마케팅에 적용되는 '사람'에 집중하였기 때문이다.

마케팅 믹스 | 전략 개념

**기존 4P**

**상품**
- 핵심 서비스 및 보조 서비스 개발
- 브랜드 관리
- 서비스 품질 관리

**가격**
- 가격 대비 가치 부여
- 가격 전략

**유통**
- 유통 경로 설계
- 위치 선정과 부대 시설
- 예약 및 홈페이지의 편리성

**촉진**
- 통합적 커뮤니케이션 구축
- 광고, 인적 판매, 판매 촉진, 홍보 전략

**추가된 3P**

**사람**
- 인적 서비스 품질 관리
- 내부 마케팅 활성화
- 고객 교육

**물리적 증거**
- 서비스 무형성의 유형화
- 시설적 환경과 감각적 환경 등의 서비스 스케이프
- 물리적 증거 관리

**프로세스**
- 원활한 서비스 흐름의 관리
- 대기 시간 관리
- 표준화, 고객화 프로세스의 전략적 선택

출처: 황용철, 송영식, 황윤용(2016), 서비스 마케팅, 학현사, p. 74

[그림 3-6] 서비스 마케팅 7p 믹스

켈러허는 직원들을 뽑을 때 유머 감각이 있고 일을 즐길 줄 아는 사람을 고용하였고, 항상 고객이 아닌 '종업원'을 최우선 순위에 두었다. 유머 감각이 있는 직원들을 고용하고 이들을 고객처럼 대하며 인간 존중의 경영을 펼치자 종업원들은 애사심이 생겨 자발적으로 일을 열심히 그리고 재밌게 하기 시작한다. 사우스웨스트 항공의 승무원들은 상투적이라 잘 듣지 않는 이륙 전 안내 방송을 재밌게 바꿔 승객들이 집중하도록 만들고, 특별한 날엔 독특한 복장을 입고 서비스하는 등의 방법을 통해 고객들에게 잊을 수 없는 경험을 선사했다. 비록 저가 항공이지만 가격이 싸다고 해서 서비스의 질이 낮을 것이라는 생각을 깨버리고 오히려 잊을 수 없는 경험을 선사한 것이다. 그 결과 사우스웨스트 항공은 1973년부터 44년 연속으로 흑자를 기록하게 된다.

출처: Haksever, C., et. al., 2000

[그림 3-7] 종업원 일인당 승객 수(2000)

물론 사우스웨스트 항공의 성공은 순전히 '사람'에 집중한 경영과 서비스 마케팅 때문은 아니다. 히려 사우스웨스트 항공만의 독특한 기내 서비스를 선호하지 않는데 항공료가 싸서 이용하는 사람도 분명히 있었을 것이다. 그럼에도 불구하고 사우스웨스트 항공이 미국이 911테러를 경험했던 해를 포함하여 44년 연속 흑자를 낸 것은 순전히 사우스웨스트 항공의 항공료가 싸기 때문은 아닐 것이다. 항공 서비스는 기본적으로 대면 서비스이고 승무원의 태도와 행동이 고객의 경험을 결정하는 중요한 요소이다. 따라서 인적 서비스 품질 관리가 상당히 중요한데, 켈러허는 이것을 종업원을 단순히 교육시키는 대신 진정으로 종업원을 아끼고 수평적으로 대하여 성공적으로 이루어냈다. 전통적인 마케팅 방식으로 4P만 고려했다면 나오기 힘들었을 서비스 혁신이다.

# Quiz

❶ 다음 중 일반적인 제품과 서비스의 차이점으로 옳지 않은 것은 무엇인가?

① 제품은 서비스보다 생산 설비가 크다.

② 제품은 재고를 보관할 수 있으나 서비스는 그렇지 못하다.

③ 일반적으로 서비스가 제품보다 고객과의 접촉이 많다.

④ 서비스 산업은 자본 집약적인 산업이다.

⑤ 제품이 서비스보다 품질 측정이 용이하다.

❷ 서비스 마케팅과 전통적 마케팅의 차이점을 마케팅 믹스와 관련하여 서술하시오.

❸ 전 세계적으로 제조업보다 서비스 산업이 발전하게 된 세 가지 이유를 서술하시오.

Memo

Chapter 4

# 서비스 품질 관리 및 회복

제1절  서비스 품질 관리
제2절  서비스 회복

Chapter

4

# 제1절   서비스 품질 관리

## 1. 서비스 품질 관리의 개념 및 구성

### (1) 서비스 품질 관리의 개념

질(quality)은 양(quantity)과 대비되는 개념으로서 어떤 사물을 다른 사물과 구분하게 해주는 사물의 내적인 특성을 말한다. 질은 사물들이 가지고 있는 여러 다양한 성질들의 종합적 특성이므로 사물의 여러 성질들에 대한 종합적인 이해로만 질을 파악할 수밖에 없다. 사물의 질은 자체가 가지는 내적인 성질이므로 질이 변화하면 사물 자체가 변화한다. 양은 늘어나고 줄어드는 증감만 하지만 질은 증감보다는 오직 새로운 형태로 변화한다. 따라서 양은 수치로 나타낼 수 있지만 질은 수치로 나타낼 수 없다. 서비스의 경우 품질 수준의 측정은 정의하기가 훨씬 힘들다. 동시에 서비스의 질 규격은 기업과 고객 개개인을 포함한 다양한 출처로부터 얻을 수 있으며, 고객은 서비스 체험이 어떠할 것이라는 자신들의 개인적 기대치를 기준으로 규격을 제시한다.

서비스의 품질(service quality)이란 고객이 경험한 편익의 수준이다. 편익은 서비스 시장에서 고객의 주관적인 판단으로 결정된다. 이론적으로는 고객이 기대하는 요구 수준과 실제로 경험을 통해 지각된 수준 간의 차이(gap)로 결정된 서비스에 대한 전반적인 판단을 서비스 품질이라고 한다.

서비스 가치는 필요의 만족도이다. 필요는 고객들의 '행복'을 증진시키는지, 혹은 감소시키는지 고객들 스스로가 인식하는 변화를 의미한다. 고품질 서비스를 추구하는 데 중요한 핵심은 어떤 차원의 품질이 고객들에게 중요한지 인식하고 이해하는 것에서 나온다.

서비스 품질의 특성은 다음과 같다.

- 무형과 추상성으로 인해 객관적인 판단이 어렵기 때문에 고객은 간접적인 유형적 단서인 서비스 접점의 물리적 환경이나 현장 직원, 서비스 시스템 등을 통해 종합적으로 품질 수준을 판단한다.

- 서비스에 대한 전체적인 평가를 통해 형성된 고객의 태도이다. 개별 요소의 구체적 속성보다는 서비스 패키지에 대한 전반적인 기대와 경험의 차이로 품질 수준이 결정된다.

- 서비스 품질은 결과뿐 아니라 프로세스에 대한 평가를 모두 반영한다. 즉, 서비스 제공 과정의 경험이 품질의 중요한 결정 요소가 된다.
- 서비스 접점에서 고객과의 상호 작용에 의해 서비스 품질이 결정된다. 따라서 서비스 접점의 물리적 환경과 현장 직원의 업무 역량은 중요한 품질 요소이다.

품질에 대한 견해를 바탕으로 Garvin은 8가지 품질의 범주를 개발했다. 8가지 범주는 성능, 특징, 신뢰성, 일치성, 내구성, 서비스 능력, 심미성, 인지한 품질을 가리킨다. 그러나 서비스는 고유의 특성 때문에 이상의 제품 중심의 견해를 적용하기에는 한계가 있다고 할 수 있다.

● [표 4-1]

| 범 주 | 내 용 |
|---|---|
| 성능 | 상품의 주요 핵심으로 활동 특성을 의미<br>패스트푸드점이나 항공사에서는 신속성과 대기 시간의 감소가 바로 성능을 나타냄 |
| 특징 | 상품의 기본적인 기능을 돕는 부수적 특성<br>예) 항공사의 기내 무료 음료나 식사 제공 |
| 신뢰성 | 일정 시간 내에 상품이 기능을 다하지 못할 가능성<br>고장률, 처음 고장까지의 시간, 평균 고장 시간으로 측정 |
| 일치성 | 미리 정해진 기준에 얼마나 일치하는지 정도<br>서비스업에서 일치성은 대개 정확성이나 정시성과 관련성이 많음<br>업무 에러, 예기치 못한 지연, 빈발 사고의 건수를 추적하여 측정 |
| 내구성 | 신뢰성과 관계가 있으며 상품의 수명을 의미<br>제품의 수명이란 사용 가능한 기간으로 나타내고 총 사용량으로 표시 |
| 서비스 능력 | 신속한 고객 요청에 대응하는 속도, 정중함 등을 의미<br>문제 해결 시간, 거래 조건 그리고 약속 준수 정도가 중요 |
| 심미성 | 상품에 대한 감성적 반응을 나타내며 고객의 주관적 판단과 취향을 강하게 반영<br>예) 고객이 느끼는 음식의 맛, 향, 신선도, 식욕을 자극하는 분위기 |
| 인지한 품질 | 고객은 상품에 관한 완전 정보를 갖기 어려우므로 상품의 유형적, 무형적 측면에서 힌트를 얻게 됨. 이미지 광고, 브랜드는 서비스 제공자의 평판도를 인지한 품질의 하나로 간주됨 |

## (2) 서비스 품질 구성

서비스 품질 구성에 대한 다양한 정의가 있지만, 크게 서비스 품질에 관한 세 가지 구성 요소로 구분될 수 있다.

첫째, 인적 서비스로 인간에 의하여 제공되는 수고와 노동

둘째, 물적 서비스로 물품이나 시설, 기계 등에 의하여 제공되는 편의

셋째, 시스템적 서비스로 지식, 정보 아이디어, 프로세스, 제도 등의 시스템에 의하여 제공되는 편의 능률

### 1) 인적 서비스

서비스 산업에서 인적 자원의 적절한 활용은 최고의 서비스 품질 요소가 될 수 있다. 고용된 서비스 제공자가 주어진 서비스 분야에 대해 얼마만큼의 전문적인 지식과 기술을 갖는지에 따라서, 인적 서비스에 대한 고객의 요구에 얼마만큼 부응할 수 있느냐에 따라서, 또는 서비스 제공자가 고객에 대해 그리고 고객의 요구에 대해 어떠한 태도를 갖고 어떻게 행동하느냐에 따라 해당 서비스 품질의 질은 결정될 수 있다.

### 2) 물적 서비스

서비스 품질 구성 요소에서 인적 서비스만큼이나 중요한 부분을 차지하는 물적 서비스는 핵심적 증거와 주변적 증거로 나눌 수 있다. 서비스 구매에서 중요한 부분을 차지하는 핵심적 증거는 항공사 비행기와 같이 어떤 서비스 품질에 대한 비용을 지불했을 때, 그 지불된 비용에서 상당 부분을 차지하는 요소를 말한다. 주변적 증거는 그 자체로 독립적 영향력은 거의 없지만 항공사의 안내 책자, 기념품, 식음료와 같이 서비스 구매 시 구매의 일부로써 소유할 수 있는 것들을 일컫는다. 핵심적 증거와 주변적 증거는 다른 여러 가지 이미지 형성 요인들과 결합하여 서비스에 대한 고객의 인식에 영향을 미치므로 그 어느 것도 소홀히 해서는 안 된다.

### 3) 시스템적 서비스

시스템적 서비스는 최근 데이터 DB와 인터넷 사용 증가 등을 통해 서비스 상품의 품질을 측정하는 데 있어서 관심이 증가된 구성 요소로서 물적·인적 자원이 아닌 어떤 특정 시스템

의 도입이나 제도의 개발 등을 통해 사용 고객의 만족도를 높이는 일환으로도 많이 도입되고 있는 서비스 분야이다. 그러므로 이 서비스를 통해 인지 서비스와 고객 충성도를 이끌어 내어 단골 고객 확보 등을 꾀한다면 미래의 발전 가능성에 큰 도움이 되며 그 중요도 또한 증가하게 될 것이다.

서비스 품질에 대한 관심의 증가는 서비스 품질 구성 요인에 관한 많은 연구를 가져왔고, 서비스 품질은 실제적인 서비스 품질과 지각된 서비스 품질로 구분되는데, 주요 관심사는 고객의 품질에 대한 평가 및 판단이 지각된 서비스 품질에 초점을 두고 있다는 것이다. 물리적 품질은 서비스의 물리적 측면을, 기업 품질은 기업 이미지와 프로필을, 상호 작용적 품질은 고객과 종업원 간의 상호 작용에서 비롯되는 품질을 의미한다. 또한 서비스 품질을 결정하는 데 매우 중요한 영향을 미치는 차원은 물리적 및 기술적 차원, 고객 접대 종업원, 다른 참여 고객 등이며 이는 고객의 지각된 서비스 품질에 영향을 미친다고 하였다. 이때 지각된 서비스 품질이란 제공된 서비스에 대한 고객의 전반적인 판단이나 태도를 말한다.

## 2. 서비스 품질의 측정

서비스의 품질은 무엇이고, 어떻게 측정되는지에 대해서는 서비스 학계에서 1980년대부터 활발히 다루어지고 있는 주제이다. 서비스에서 품질의 평가는 서비스 전달 과정에서 나타난다. 즉, 고객이 서비스의 본질을 느끼게 되는 순간은 진실의 순간(moment truth)이라고 불리는 고객 접촉 순간이며, 이때 서비스에 대한 만족 혹은 불만족을 평가한다. 실제로 서비스 품질의 측정은 간단하지 않다. 왜냐하면 서비스 품질은 심리적 특성을 포함한 무형적인 요인들에 의해 결정되기 때문이다. 여기서는 서비스 품질을 측정하는 방법을 살펴보자.

### (1) SERVQUAL 모델

오늘날 서비스 품질의 측정에 널리 이용되는 방법으로 서비스 품질 평가 모형 SERVQUAL이 있다. Parasuraman은 고객이 서비스 품질을 측정하기 위해 이용하는 10개의 요인을 확인하고 후속 연구를 통해 이들 요인들을 유형성, 신뢰성, 확신성, 반응성, 공감성 등의 다섯

가지 차원으로 구분하여 SERVQUAL 모형을 개발하였다. 모형의 기본 원리는 각 차원별로 고객이 기대했던 서비스 수준과 실제로 경험한 서비스 수준 간의 차이<sup>(gap)</sup>를 통해 총 서비스의 품질을 평가한다. 기대된 서비스 수준이란 고객이 서비스 구매 시점에서 서비스에 대한 기대를 나타내며, 경험한 서비스 수준은 특정한 서비스에 대해 지각된 성과를 의미한다. 구체적으로는 서비스 지식, 기업의 서비스 정책, 서비스의 전달과 고객 커뮤니케이션 등에 대해 고객의 기대와 서비스의 성과 간의 차이를 분석함으로써 서비스의 전반적인 품질 수준을 측정하는 것이다. SERVQUAL 평가 모형을 구성하는 다섯 가지 서비스 품질의 결정 요인들은 다음과 같다.

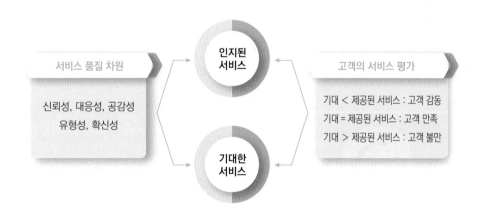

[그림 4-1] SERVQUAL 모형에 의한 서비스 품질 측정

❶ 유형성<sup>(Tangibility)</sup>: 고객의 눈을 통해 직접 경험하는 서비스 속성이다. 즉, 물리적 시설물, 서비스 제공자의 외모, 서비스 제공 시 사용되는 도구 및 장비, 서비스의 물리적 제공, 서비스 시설물 내의 다른 고객 등과 같은 서비스의 물질적 내용을 포함한다. 고객은 서비스 현장에서 기업이 제공하는 최신의 장비나 시설, 직원들의 용모, 서비스 현장에 적합한 분위기 등을 경험함으로써 기대했던 서비스 수준과 비교한다. 유형성은 특히 레스토랑, 호텔, 소매 점포 엔터테인먼트 기업 등과 같이 고객이 서비스를 받기 위해 시설을 방문하는 대면 서비스 기업에서 강조된다.

❷ 신뢰성(reliability): 구매 당시에 약속된 서비스를 정확히 수행하는 정도를 말한다. 한마디로 신뢰성은 기업이 서비스 수요에 민감하며 고객과의 약속을 존중함을 의미한다. 특히, 이것은 계산을 정확히 하고 자료를 올바르게 기록하여 지정된 시간에 정확히 서비스가 이행되는 것과 관련된다. 모든 기업은 신뢰성에 대한 고객의 기대를 이해할 필요가 있다. 약속된 서비스가 제대로 제공되지 않았을 때 고객의 서비스에 대한 기대가 충족되지 못하고 그것이 불만 고객을 만든다는 것을 생각해 본다면 고객과의 신뢰가 얼마나 중요한지 알 수 있을 것이다.

❸ 확신성(Assurance): 확신성은 또 다른 말로 보증성이라고도 한다. 서비스의 신용과 거래의 안전성, 서비스 역량, 예의 등의 네 가지 요소로 평가된다. 직원의 지식과 정중함 그리고 신뢰와 믿음을 전달할 능력, 이것은 서비스 종업원의 지식, 적격성, 친절 등과 연관되며, 신뢰와 신용을 전달하는 그들의 개인적 능력과 연관된다. 다시 말해서 믿음과 확신을 주는 종업원의 능력뿐만 아니라 그들의 지식과 예의 바른 근무 자세를 의미한다. 확신성 차원의 주요 특징은 서비스 수행 능력뿐 아니라 고객과의 효과적 의사소통, 서비스 제공자가 진심으로 고객에게 최선의 관심을 쏟는 것을 포함한다. 친절은 접촉하는 종업원의 공손함, 존경, 경의, 인정 등과 연관되며, 서비스 종업원의 신뢰 가능성, 신용 가능성, 정직 등을 포함한다.

❹ 반응성(Responsiveness): 고객 요구에 대해 신속하게 응대하고 서비스를 제공하는 정도를 말한다. 뚜렷한 이유도 없이 고객을 기다리게 하는 것은 품질에 대하여 불필요한 부정적 인식을 자아내게 한다. 만일 서비스 실패가 발생하게 되면 전문가의 입장에서 신속하게 복구할 수 있는 능력이 품질에 대해 매우 긍정적 인식을 심어준다. 현장 직원은 항상 기꺼이 고객을 도와주고 즉각적인 서비스를 제공하는 등 고객의 요구나 문제 해결을 위해 신속하게 반응하며 이는 적절하게 제공되는 서비스의 시기와 연관된다.

❺ 공감성(Empathy): 사려 깊은 행동과 개인적인 관심을 고객에게 보일 준비성, 고객 요구를 이해하기 위해서 고객의 입장에서 생각할 수 있는 소통의 능력 등을 말한다. 사소한 것에도 소홀하지 않는 민감성, 성실한 노력, 현장 직원이 고객에게 개별적인 관심을 제공하는 정도, 고객의 소리를 경청하고 요구를 이해하려는 노력, 고객의 애로와 요구에 대해 진심으로 공감하고 소통하는 태도 등을 통해 고객이 판단하는 서비스의 수준을

의미한다. 고객은 서비스를 제공하는 기업이 자신을 이해하고 중요하게 느끼길 원한다. 작은 서비스 기업의 종업원은 흔히 고객의 이름을 알고, 고객의 개별적인 욕구와 기호까지 알아 이를 감안한 관계를 구축한다.

### (2) SERVPERF 모델

'성과' 위주의 측정을 하는 모델로써 성과만을 중요한 요소로 설정하고 있다. 앞서 설명한 SERVQUAL 모델은 이후 여러 연구자들에 의해 많이 이용되었으나 여러 연구자들에 의해 문제가 제기되었고, 이를 비판하는 새로운 모델이 제시되었다. Cronin과 Taylor[1992]는 기존의 서비스 품질 측정에 관한 선행 연구에서 기대와 성과의 불일치 관계는 부족하다고 보고, 성과만이 서비스 품질 측정에서 중요하다는 SERVPERF를 개발하고 SERVQUAL을 반박하였다. 이들은 서비스 품질이 태도로 개념화될 수 없으며, 성과를 기준으로 한 측정은 장기적인 서비스 품질에 대한 태도를 훨씬 더 잘 알 수 있게 해준다고 주장하였다. Cronin과 Taylor는 SERVQUAL 척도를 구성하고 있는 성과 항목은 적절하다고 판단되지만 '기대-성과' 불일치에 의한 서비스 품질의 측정이 산술적으로는 계산이 가능하지만, 현실적으로 계량화시키기 어려우며 '기대-성과'를 요소로 측정하는 방법인 SERVQUAL 모델보다 '성과' 요소만을 중요한 요인으로 보는 SERVPERF 모델이 고객의 태도를 보다 잘 평가한다고 주장한다. 또한 성과만의 측정은 상대적으로 기대-성과 불일치 측정보다 예측력이 높은 것으로 알려져 있다고 주장하였다.

### (3) EP 모델(Evaluated Performance Framework)

Teas[1993]은 SERVQUAL 모델의 개념적인 측면과 조작적인 측면에 관한 문제점을 제시하면서 EP 모형을 제시하였다. EP 모형의 가장 핵심적인 이슈는 SERVQUAL의 기대의 정의에 관한 것이다. SERVQUAL에서의 기대 수준은 규범적 기대 수준이며 이는 성과의 이상적 표준을 나타낸다고 할 수 있다. 즉, 기준을 초과하는 것은 높은 품질이 제공되었음을 의미하며 기준에서 떨어지는 것은 낮은 품질이 제공되었음을 의미한다. 그래서 Tesa는 이에 대한 대안으로 평가된 성과(Evaluated Performance: EP) 모형과 규범화된 품질(Normed Quality: NQ) 모형을 제시하면서, 실증 연구를 통하여 그가 제시한 EP 모델이 가장 적합하다는 주장을 내세웠다.

## 3. 항공운송 서비스의 품질 관리

항공운송 서비스의 품질은 항공사가 스스로 목표로 정하는 목표 품질, 국제기구나 정부 기관이 항공운송의 목표와 정책에 따라 정하는 적합 품질, 그리고 고객이 서비스 상품의 경험을 통해 평가하는 사용 품질 등으로 나누어 볼 수 있다. 여기에서는 항공사의 품질 관리에 대해 알아보고자 한다.

### (1) 품질 수준과 품질 비용

품질 관리와 관련하여 발생하는 비용은 크게 두 가지로 구분된다. 목표로 정한 품질 수준을 확보하기 위한 통제 활동에 소요되는 '품질 비용'과 품질 수준을 확보하지 못함으로써 발생하는 '실패 비용'이다. 품질의 수준과 품질 비용 간의 상충 관계를 살펴보면 엄격한 통제가 이루어지는 경우에서는 서비스의 품질 수준은 향상되지만 높은 품질 비용이 동반된다는 것을 알 수 있다. 반면 품질에 통제 활동을 줄이는 경우에는 품질 비용은 줄어들지만 그만큼 품질 수준이 낮아지고 실패 비용이 발생할 가능성은 높아진다. 따라서 품질 비용과 실패 비용 간의 적절한 균형점에서 품질 수준을 유지하는 것이 중요하다.

### 1) 품질 비용

품질 비용이란 통제 비용이라고도 하며 서비스 요소의 불량률을 최소화하는 활동과 관련된 비용이다. 품질 비용은 예방 비용과 평가 비용으로 구분된다.

- 예방 비용(prevention costs) : 서비스 계획, 교육 훈련, 자료의 수집과 분석 등에 소요되는 것으로 불량 품질의 발생을 미리 방지하기 위해 지불되는 비용이다.
- 평가 비용(appraisal costs) : 판매와 예약·발권·안전 운항을 위한 항공기 운항과 정비, 제반 규정의 준수 여부, 영업 활동에 대한 각종 모니터링과 통계 분석 등 운송 서비스의 모든 생산과 소비 과정에서 품질을 평가·관리하기 위하여 소요되는 비용이다.

### 2) 실패 비용

실패 비용은 고객에게 제공되는 서비스 품질이 일정 수준에 미달하는 경우 발생하는 비용으로 내적 실패 비용과 외적 실패 비용으로 나누어진다.

- 내적 실패 비용 : 상품이 판매되기 전에 품질 요건을 충족시키지 못함으로써 결함의 보완, 상품의 처분 등에 따른 비용이다. 항공사의 경우 운항 스케줄의 취소 및 지연, 예약의 취소 등에 따른 비용이 포함된다.
- 외적 실패 비용 : 상품이 판매된 뒤 발생하는 비용이다. 서비스 불만에 의한 고객의 불평과 위약금의 지급, 그리고 이로 인한 고객의 이탈 비용 등이 포함된다.

## (2) 항공운송 서비스의 품질 요소 및 관리

항공운송 서비스의 품질을 결정하는 기본적인 세 가지 요소는 안전성, 정시성 그리고 고객 서비스이다. 이 가운데 안전성과 정시성은 항공기 운항과 관련한 비행 안전과 정비·운송 네트워크 및 스케줄 등의 운송 활동에 의해 결정되며, 고객 서비스는 탑승 수속 및 안내 등 공항의 운송 업무와 기내 서비스, 예약·발권 등 영업 서비스에 의해 결정된다.

❶ 안전성(safety) : 항공운송 서비스의 1차적 품질 요소이다. 안전성을 나타내는 대표적인 지표로는 항공기 사고율이 있으며, 비행 장애율 및 정비 불량률 등과 같이 비정상적인 (irregular) 운항을 나타내는 관리 지표들도 함께 이용된다. 항공기의 안전 운항과 관련된

품질로 안전 운항은 기본적으로 무결점을 목표로 품질 관리가 이루어진다. 운항 계획과 운항을 위한 절차와 규정의 준수, 정비 계획과 안전 정비, 항공기 사고 통계 및 모니터링 등에 의해 확보된다.

- 항공기 사고(accident)

항공기의 추락, 공중 또는 지상에서의 충돌, 화재 발생, 엔진이나 기체의 폭발 및 불시착 등과 같은 규모가 큰 이상 사태에 의하여 탑승자나 제3자가 사망, 행방 불명, 중상을 당하거나 기체 또는 지상 시설 등이 크게 손상되는 경우이다.

- 항공기 준사고(serious incident)

항공 사고의 유형이 포함되지만, 치명적인 사고의 범주에는 속하지 않는 운항 중 발생하는 비정상적 사고로서 항공기 사고로 발전할 수 있는 사건이다.

  ⓔ 항공기가 지상에서 활주 중 다른 항공기나 기타 구조물과 가벼운 충돌을 하는 경우, 공중에서 사고의 발생 가능성이 있는 여러 가지 상황이나 기체 시스템의 고장 등으로 긴급 착륙을 하는 경우 등

- 항공 안전 장애(incident)

운항 준비 상태 또는 운항 중에 발생한 항공기 사고와 운항 중 사고보다는 경미한 수준의 이상 상태를 말한다.

  ⓔ 항공기의 근접, 조종사의 비행 규칙 및 절차 위반, 항행 시설의 기능 장애, 관제 업무의 중단 등으로 안전 운항에 지장을 초래한 사건 등

❷ 정시성(punctuality) : 항공기 운항이 정해진 스케줄에 따라 얼마나 정확히 이루어지는가에 대한 규칙성의 정도를 말한다. 기상 상황, 운항 스케줄과 지상 조업, 공항 자연 상황, 연결 항공편 등에 의해 결정된다.

- 결항(Cancel) : 예정된 항공편의 운항이 이루어지지 못하는 상황
- 지연(delay) : 예정된 출발, 도착 시간에 대해 허용 오차의 범위를 초과하여 운항이 이루어진 것을 의미한다. 일반적인 허용 오차는 단거리 노선의 경우, 예정된 출발 시간으로부터 약 5분의 범위에서 인정되며, 장거리·국제 노선의 경우, 예정된 출발 시간으로부터 약 15분의 범위가 인정된다.
- 회항(return) : 처음 도착지 공항으로 되돌아가는 경우
- 경로 변경(divert) : 목적지 공항이 아닌 대체 공항으로 변경하여 도착하는 경우

❸ 고객 서비스(customer services) : 승객에게 제공되는 제반 서비스 활동과 관련된 품질로써 항공권의 구매에서 탑승하기에 이르기까지 승객에게 제공되는 모든 서비스 전달 과정으로 구성된다. 공항 서비스, 예약·발권 등의 마케팅 활동, 기내 서비스, 항공 여행과 관련한 불편 사항이나 불만 사항, 각종 사고의 처리 등에 의해 결정된다. 고객이 느끼는 만족감에 의해 결정되기 때문에 특히 계량화가 어려운 주관적 품질이다.

## 제2절  서비스 회복

제품과 달리 서비스 산업은 전달 및 생산 과정에서 종업원과 고객은 상호 작용을 하게 되며 고객에게 전달되는 결과물뿐만 아니라 과정 그 자체도 서비스의 중요한 요소로 작용하기 때문에 서비스 단계별 중요성은 더욱 커지고 있다. 생산과 소비가 동시에 일어나는 서비스의 비분리성 때문에 고객에 따라서 혹은 서비스 제공자에 따라서 동일한 서비스라도 다르게 느껴질 수 있다. 서비스 실패를 미연에 예방하는 것이 무엇보다도 중요하며 기업은 서비스 실패가 발생되었을 때 적절한 대응으로 불만족한 고객을 회복시켜 유지하는 방법을 찾는 것이 큰 과제로 남아 있다.

## 1. 서비스 회복의 개념 및 특성

### (1) 서비스 회복의 의미

서비스 회복(service recovery)은 서비스에 실패한 후에 문제를 해결하고 고객과의 우호적인 관계를 유지하기 위한 체계적인 노력이라고 할 수 있다. 고객으로부터 불만이 제기된 사항을 수정하거나 회복하기 위하여 기업이 행하는 모든 활동을 일컫는다. 고객은 서비스 실패에 대한 서비스 접점에서의 행동을 기억하고, 이러한 경험은 부정적 구전 활동으로 이어질 수 있다. 조금 더 심각하게는 경우에 따라 해당 고객이 기업과의 관계를 더 이상 유지하지 않

고 경쟁사의 고객으로 돌아서기도 한다. 서비스에 대해 고객의 기대를 실패 이전의 수준으로 되돌리는 방법으로는 크게 두 가지가 있다.

- 심리적 회복: 사과 또는 공감 등을 통하여 심리적으로 가지고 있는 불만을 해소하는 노력
- 물질적 서비스 회복: 심리적 그리고 물질적 피해를 보상 차원의 물질을 제공함으로써 불만을 해소시키려는 유형적 노력

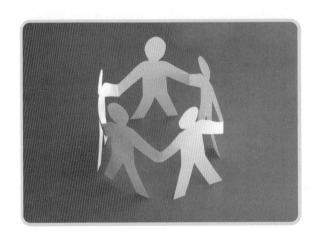

## (2) 서비스 회복의 중요성

기업이 서비스 실패에 대비하여 고객이 감정을 표현할 수 있는 소통 채널이 잘 마련되어 있거나 서비스 접점에서 고객의 불만 사항에 대하여 적절하고 신속하게 대응하는 경우에는 오히려 고객의 충성도가 향상될 수도 있다. 그리고 서비스의 품질을 향상시킬 고객 정보를 확보하고 서비스 접점의 업무 수행 능력을 향상시키는 기회가 될 수도 있다.

❶ 불만 고객의 이탈과 서비스에 대한 부정적인 구전을 막고 본래의 충성도를 회복하는 서비스 과정으로 볼 수 있다.
❷ 서비스의 실패를 통해 확인된 서비스 요소를 개선하고 효과적으로 관리할 수 있는 계기가 된다.
❸ 서비스의 회복 과정을 통해 고객과 소통함으로 고객의 니즈와 욕구를 파악하는 기회가 된다.

### (3) 서비스 회복의 역설(service recovery paradox)

서비스 회복은 고객의 불만족을 해결하여 본래의 기대 수준으로 회복하는 것을 의미한다. 그러나 성공적인 회복으로 인해 불만이 해소되었을 경우, 고객은 오히려 서비스 실패가 없었을 경우보다 더 높은 긍정적 감정을 지니게 되고 기업에 대한 충성도가 향상된다. 이와 같은 논리적 부조화 현상을 서비스 회복의 패러독스(service recovery paradox)라고 한다.

서비스 회복에 관한 연구에 따르면 서비스 회복에 만족한 고객은 불만족한 상태의 고객보다 15배 만큼 더 해당 기업을 추천할 가능성이 있다고 밝혔다. 고객이 불만족했거나 서비스 과정에서 안 좋은 경험이 있었지만 불만을 제기하지 않는 경우, 그 기업의 상품을 재구매할 의사는 9%에 불과한데 비하여 고객의 불만족에 대한 완벽한 처리가 이루어지지 않았지만 고객의 불평에 대해 경청하는 것만으로도 재구매율은 19%로 상승했다. 그리고 불만족인 서비스 회복을 통해 고객 만족으로 이어지는 경우에는 고객의 유지율은 82%로 나타났다. 불만을 가진 고객이 회복되지 못하고 이탈하게 되는 경우, 기업은 해당 고객과의 거래 기회를 잃는 것보다 더 큰 손실을 입게 되며, 해당 고객으로부터 기대되는 장기적인 고객 가치도 모두 상실하게 된다. 부정적인 구전 정보로 인해 다른 고객도 해당 기업과 거래를 하지 않는 결과로 나타나기 때문이다. 따라서 불만 고객의 관리는 서비스 비용보다는 고객의 미래 가치에 더 관심을 두어야 한다.

## 2. 서비스 회복의 방법

서비스 회복을 위해서는 먼저 서비스 불만에 대한 원인을 잠시 접어두고 컴플레인의 상황을 반전시키기 위한 적절한 조치가 우선시 되어야 하며 고객에 대한 행동 분석에 있어 과학적인 접근이 필요하다. 또한 서비스 불만 해결을 위한 노력으로는 마음으로 다가가려는 시도와 보상과 같은 유형적이 노력이 동반되는 것이 효과적이다.

### 1) 문제의 원인과는 무관한 서비스 회복 절차

기업은 무결점의 서비스를 지향한다. 그러나 고객들은 종종 서비스에 대해 만족스럽지 못한 경험을 한 이후 이에 대한 사후 조치가 미흡했던 경험을 갖고 있다. 서비스는 생산과 소비가 동시에 이루어지며 서비스 제공자와 소비자가 함께 만들어 나가는 특성을 가지고 있기 때문에 서비스의 가치는 경험에 의해 서비스가 끝난 이후 평가가 이뤄지며, 고객마다 주관

적인 기준으로 가치를 판단하고 기억하기 때문에 품질에 대한 불만족은 필연적으로 발생하기 마련이다. 따라서 서비스 실패는 불만족한 사항의 조치에 대한 실제 내용보다는 조치에 대하여 고객이 어떻게 감성적으로 지각하는가에 따라 서비스 회복의 여부가 결정된다. 고객이 문제가 있다고 느끼거나 실망감을 갖게 되었다면 현장 직원은 이를 회복시켜야 할 시점을 마주하게 되며, 정상적인 절차에 따라 정확하게 서비스를 했다거나 불가피하게 문제가 발생했다는 것은 중요한 것이 아니다. 서비스의 회복은 문제의 원인과는 무관하게 적절한 조치를 통해 불만이 해소되도록 고객의 감정 흐름을 잘 파악하고 관리하는 것이 중요하다

### 2) 고객 행동의 과학적 접근

고객 행동의 과학적 연구에 따르면 고객은 그들의 경험을 매순간 모두 비디오로 기록하듯 기억하는 것이 아니라 좋았던 순간과 나빴던 순간들만을 사진과 같이 부분적이고 단편적으로 저장한다고 밝혔다. 따라서 서비스 경험에 대한 전반적인 평가는 각 순간들에 대한 경험의 강도와 시간 흐름의 순서에 영향을 받는다. 바람직한 결과를 얻기 위해서는 서비스가 끝나는 시점에 도달하는 동안 긍정적인 '진실의 순간'에 대한 강렬한 기억을 많이 만드는 것이 중요하다. 따라서 서비스 불만에 대한 회복 과정에서 지각하는 고객의 경험은 해당 서비스를 통하여 서비스 기업이 긍정적인 기억으로 남도록 하는 중요한 요소가 된다.

### 3) 서비스 회복 노력

불만 고객들은 자신들의 피해에 상응하는 서비스 제공자의 회복 노력을 기대하는 심리가 있다. 기업의 입장에서는 서비스 회복을 위한 체계적인 절차와 현장 직원에 대한 재량권의 부여, 서비스 접점에서 발생할 수 있는 다양한 상황에 지속적인 훈련이 필요하다. 불만 고객에 대한 기업의 서비스 회복 노력에는 두 가지 형태가 있다.

❶ 심리적 노력(psychological efforts) : 불만족한 고객에게 서비스 실패 상황을 이해하고 개선하고자 하는 노력을 심리적으로 보여주는 것이다. 심리적 노력에는 진심을 담은 사과가 필수적이다. 서비스 담당 직원은 회복 과정에서 심리적 노력과 유형적 노력을 적절히 조합하여 대처했을 때 효과적인 결과를 기대할 수 있다. 이 중 하나를 소홀히 하게 되면 역효과가 발생할 수 있다. 만일 서비스에 대한 불만 고객이 발생하였을 때 감정 없는 사과 및 진심 없는 행동으로 불만을 해소하고자 물질적인 보상만을 제공하려고 한

다면 불만 고객은 더욱 감정적인 상실이 커져 상황이 더욱 안 좋아질 수 있다.

❷ 유형적 노력(tangible efforts) : 서비스 실패 상황에 대한 공감과 사죄를 통해 고객에게 정중히 사과했다면 그 다음 단계로는 여전히 불만을 갖고 있는 고객에게 사은품이나 기대에 상응하는 쿠폰 제공, 무료로 서비스 이용 가능한 티켓 등과 같은 유형적 보상의 제공을 검토해야 한다.

## (1) 불평 고객의 감정 관리

### 1) 신속한 대응의 원칙

서비스에 불만족한 고객의 일부는 불평으로 감정을 표출한다. 서비스 제공자의 입장에서 보면 화가 난 고객은 서비스 접점의 업무를 수행하는 데 어려움을 초래한다. 한편, 고객의 입장에서는 서비스의 실패가 여행을 망칠 수도 있으며 하루의 계획에 있어 모든 것이 뒤틀어지게 할 수도 있는 일이다. 고객 중에는 자신들이 기대한 서비스를 받고 있지 못하거나 남들과 비교하여 자신에게만 불공평하다고 느낄 때, 고객으로서 존중받고 있지 못하다고 느낄 때 불평을 표출한다. 화난 고객에게는 서비스에 대한 절차를 진행해 나가는 것조차 어렵다. 화난 고객은 현장 직원들을 당황하게 만들고, 다른 고객들을 불안하게 만들며, 때로는 시설이나 비품을 파손하고 심지어는 서비스 현장의 질서를 해칠 수도 있다. 따라서 불평하는 고객의 감정을 이해하고 그들을 신속히 진정시키는 것이 중요하다. 불평 고객은 신속히 대응하고 구체적인 문제의 해결에 착수해야 한다.

[그림 4-2] 서비스 회복 연구 모형

### 2) 불평 고객의 감정 완화

고객의 분노를 완화시키는 방법에는 여러 가지가 있지만, 간단할수록 가장 좋은 방법이다. 그러나 서비스 접점에서 발생하는 다양한 유형의 불평에 대한 정해진 대응 방법은 없다. 현장의 상황에 따라 현장 직원은 고객의 화를 진정시키는 것이 중요하다.

실제로 고객 유지를 20% 향상시키는 것은 10%의 비용 절감과 같은 효과가 있으며 5%의 고객 이탈을 줄임으로써 약 25~95%의 수익 증가를 가져올 수도 있기 때문에 서비스 기업은 서비스 실패에 대한 적절한 회복으로 고객의 이탈을 방지하고 고객을 유지하도록 노력해야 한다.

## (2) 서비스 회복 전략

### 1) 심리적 보상

고객에게 진심어린 사과를 하는 것 등 서비스 실패에 대한 고객의 불편 등을 공감하는 것이 포함된다.

### 2) 물질적 보상

무료 사용권, 할인권, 쿠폰 등을 제공하는 보상 방법이다. 또한 정정 또는 교환은 자주 이용되는 회복 전략으로, 결함이 있는 제품에 대해 고쳐주거나 교환해줌으로써 고객의 불평 행동에 대한 만회를 하고자 하는 전략이다. 이는 서비스 제공자가 가장 선호하고 자주 사용하며 동시에 고객도 가장 선호하는 회복 전략 중 하나이다.

### 3) 논리적 설명

서비스 제공자가 고객에게 왜 서비스 실패가 발생했는지 문제의 원인을 밝히고 설명한다.

### 4) 의사소통

서비스 실패에 대해 고객과 종업원의 의사소통 정도, 시기, 빈도, 형태 등을 나타내며 고객이 서비스 기업에 자신의 의견을 전달하기 위하여 일선 현장 종업원에게 권한을 부여하는 것이다. 문제 해결의 절차를 간소화하는 등 고객과 종업원 모두를 만족시킬 수 있는 방법이다.

### 5) 피드백

서비스 회복 후 문제가 있는지 없는지 또는 만족하고 있는지 고객에게 확인하기 위해 전화나 메시지를 통해 고객의 소리를 듣고 후속 조치를 취하는 것이다.

### (3) 효과적인 서비스 회복의 방법

서비스는 언제든지 실패할 수 있기 때문에 회복은 매우 중요한 활동이다. 효과적인 서비스 회복 방법은 다음과 같다.

### 1) 불만 고객의 의견 수렴

가장 좋은 방법은 불만족을 느끼는 고객들이 왜 불평을 안 하는지를 파악하는 것이다. 많은 기업들은 수신자 부담 전용 전화의 운영, 웹 사이트를 이용한 불만 사항의 전달, 개별 접점에서 고객이 쉽게 이용할 수 있는 고객 의견 카드의 제공 등과 같은 방법으로 불평을 수집하는 소통 채널을 마련하고 있다.

### 2) 서비스 회복 시스템의 구축

서비스 실패의 회복에는 적극성과 계획이 필요하다. 즉, 성공적인 서비스 회복을 위해서는 다음과 같은 서비스 회복 절차 등이 마련되어야 한다.

❶ 적극적인 서비스 회복은 고객의 불평에 앞서 미리 준비되어 있고, 이에 대해 적극적이어야 한다. 현장 직원은 고객이 불만족함을 나타내는 신호를 느낄 수 있어야 하고, 고객이 문제를 겪고 있는지를 확인하는 노력이 필요하다.

❷ 고객과 현장 직원은 서비스 실패가 예상치 못한 경우에 발생하게 되면 적절하게 대응하기 어렵다. 따라서 일상적인 서비스 실패와 정해진 회복 절차에 대해 효과적 훈련이 필요하다.

❸ 현장 직원에게는 불평 고객을 만족시키기 위해 필요한 판단과 커뮤니케이션 기술을 활용할 수 있는 권한이 필요하다. 특히 기업이 미리 마련해 놓은 매뉴얼이나 가이드라인에서 벗어난 상황이 발생했을 때 담당자의 재량권은 더욱 필요하다.

❹ 현장 직원은 문제를 즉각 해결하고 고객의 선의를 회복하기 위해 판단하고 회복 비용을 지출할 수 있어야 한다.

❺ 권한을 위임받은 담당자는 비정상적인 상황에서 주인 의식을 갖고 위임받은 권한에 따라 서비스 회복을 위한 재량권으로 고객의 문제를 해결할 수 있어야 한다.

❻ 서비스 회복 후 문제가 있는지 없는지 또는 만족하고 있는지 고객에게 확인하기 위해 전화나 메세지 등을 통해 후속 조치를 취해야 한다.

### 3) 적정한 보상 수준의 결정

고객 중심의 기업이 불평의 처리와 효과적인 서비스 회복을 제도화하기 위한 방법으로 흔히 활용하는 것이 서비스 보증(service guarantees)이다. 서비스 보증은 서비스가 일정 기준에 미달한 경우에 불평 고객으로 하여금 손쉬운 교환, 환불, 할부 등의 한 가지 또는 그 이상의 보증을 받도록 해주는 것이다. 서비스 보증은 고객의 입장에서 구매와 관련하여 위험을 줄여주는 효과가 있다. 따라서 서비스의 품질을 향상시키는 강력한 도구가 된다. 서비스 보증은 다음과 같은 기준에 따라 설계되고 제공되어야 한다.

❶ 무조건적 보증: 고객과 약속을 한 보증이라면 그것은 다른 조건 없이 그 경우에 대한 무조건적인 실행이 이행되어야 한다.

❷ 이해하기 쉬운 보증: 보증에서 얻을 수 있는 이익을 고객이 명확하게 이해할 수 있어야 한다.

③ 가치 있는 보증: 보증은 고객에게 중요한 가치로 인식될 만한 것이어야 한다.

④ 요청이 용이한 보증: 보증을 요청하기 위해 많은 시간과 노력을 들이지 않도록 요청하기 쉬운 보증이어야 한다.

⑤ 보상 받기 쉬운 보증: 서비스 실패가 발생하면 고객이 문제없이 쉽게 보증을 받을 수 있어야 한다.

⑥ 확실한 보증: 기업이 제공하는 보증을 고객이 믿을 수 있도록 신뢰감을 주어야 한다.

# Quiz

❶ 서비스 품질 측정을 위한 방법 중 SERVQUAL 평가 모형에 대해 밝히고 이 모델에서 사용하는 다섯 가지 서비스 품질의 결정 요인을 쓰시오.

❷ 서비스 회복의 역설(service recovery paradox)의 의미를 쓰고 항공사 사례를 들어 설명하시오.

❸ 서비스 회복 전략에 대해 설명하고, 항공사에서는 어떠한 방법을 통해 효과적인 서비스 방법을 이끌어 내고 있는지 논의해 보시오.

Memo

# Chapter 5

# 항공 마케팅의 개요

제1절  마케팅의 개념
제2절  마케팅의 변천
제3절  항공 마케팅 개요

Chapter

5

## 제1절    마케팅의 개념

'손이 가요 손이 가~'로 시작하는 로고송을 들어본 적 있는가? 너무 옛날 광고라 들어본 적이 없다면 '공무원 시험 합격은~'과 같은 로고송은 어떤가. 직접 들어보지는 못하더라도 한 번쯤은 누군가 흥얼대는 것을 들어봤다든지 자신이 따라 해봤다든지 TV프로그램에서 패러디한 것을 듣거나 본 적이 있을 것이다. 누군가 배가 고파 편의점에서 과자를 고르고 있을 때 '손이 가요 손이 가~'라는 노래가 생각나 새우 과자를 고른다면, 또 그런 사람이 많아 새우 과자의 매출이 눈에 띄게 증가한다면 그 로고송은 성공한 마케팅 사례 중 하나가 된다. 그렇다면 마케팅이란 중독성 있는 광고를 만드는 일인가? 그렇게 단순하지는 않다.

## 1. 마케팅이란 무엇인가

마케팅의 정의에 대해서는 다양한 이론이 제기되었다. 그 중 미국마케팅협회(AMA, American Marketing Association)는 2005년 마케팅을 '가치'를 만들어내고 소통하여 소비자에게 전달하고 가치를 다시 되돌려 받는 일련의 과정이라고 정의했다.(An organizational function and a set of processes for creating, communicating, and delivering value to customers and for managing customer relationships in ways that benefit the organization and its stakeholders) 또한 한국마케팅학회는 2002년 마케팅을 시장을 정의하고 관리하는 과정이라고 정의한 바 있다.(The process of defining and managing markets to create and retain exchanges by which organizations or individuals achieve their goals)

이 두 정의를 종합하여 정리해보면 마케팅은 보다 넓은 의미로 '조직 또는 개인이 소비자에게 재화, 서비스 또는 가치를 전달하는 것과 관련된 일련의 활동'이라고 할 수 있다. 여기서 조직이라 하면 이윤을 추구하는 영리 조직만을 생각하기 쉬운데, 비영리 조직도 마케팅을 한다. '다이나믹 코리아'(Dynamic Korea)라는 국가 슬로건을 들어본 적이 있는가? 역동적인 국가 이미지를 세계에 널리 알리기 위해 국가의 슬로건을 만든 것인데, 이러한 예시를 통해 이윤을 추구하지 않고 공공 목적에 봉사하는 정부도 마케팅을 한다는 것을 알 수 있다. 또한 마케팅은 '소비자'에게 재화, 서비스 또는 가치를 전달하는 것이라 했는데, 이것 역시 중요

하다. 앞서 3장에서 소비자는 재화의 포괄적인 불특정 소비의 대상을 의미하고 고객은 특정한 기업 또는 브랜드를 대상으로 재화를 구매하는 주체를 의미한다고 했다. 마케팅의 대상이 소비자라는 것은, 이미 자신이 만든 물건을 쓰고 있는 사람들(기존 고객)이 마케팅의 대상이라기보다는 보다 많은 사람들이 자신이 제공하는 재화나 서비스를 소비하게 하고 싶을 때 마케팅이 이루어진다는 것을 알 수 있다. 만약 시장에 경쟁자 없이 한 기업이 독점적으로 특정 재화를 팔고 있고 항상 수요가 공급보다 많다면 굳이 마케팅이 필요하지 않다. 그 기업이 어떠한 제품을 만들어도 소비자들은 그 제품을 소비할 것이기 때문이다. 하지만 현실은 무한한 경쟁의 연속이기 때문에 대부분의 조직, 특히 다양한 기업들은 더욱 많은 소비자를 확보하기 위해 마케팅을 한다.

● [표 5-1] 마케팅의 개념

| 마케팅의 주체 | 영리 조직, 비영리 조직 및 개인 |
|---|---|
| 마케팅의 대상 | 기존 고객, 잠재적 소비자 |
| 마케팅 활동 내용 | 소비자에게 재화, 서비스 또는 가치를 전달하는 것과 관련된 활동 |
| 마케팅의 방식 | 환경 분석, 전략 수립, 전략 실행, 사후 관리 |
| 마케팅의 목적 | 경쟁에서 승리하고 이익을 얻기 위해 |

앞서 언급한 개념만으로는 아직 마케팅이 구체적으로 어떤 활동을 하는지 이해가 가지 않을 수 있다. 마케팅을 보다 구체적이고 쉽게 이해하기 위해 현실 세계에 적용시켜 보자. 여러분들이 신장개업하는 분식집 A를 운영하는 사장이라고 생각해보자. A는 학생들이 많이 지나다니는 곳에 입지했고, 매장도 어느 정도 넓으며 메뉴도 야심차게 준비했다. 심지어 근방에 경쟁자가 될 분식집도 존재하지 않는다. 이렇게 모든 조건이 완벽하다고 생각하고 개시하여 실제로 처음 얼마 동안은 장사가 잘 됐다. 그러다 갑자기 경쟁업체인 분식집 B가 근처에서 신장개업을 한다. 문제는 여기서 시작된다. B가 생긴 이후로 기존에 A의 고객이었던 손님들이 B로 빠져나가기 시작하고, B는 줄서서 먹는 맛집이 된 반면 A는 장사가 잘 되지 않는다. 이럴 때 여러분들이라면 어떻게 하겠는가? B에 찾아가서 항의하고 장사를 방해한다는 답변이 가장 먼저 떠올랐다면 잠시 숨을 고르고 4장을 처음부터 다시 곱씹어 가며 마케팅적 사고방식으로 생각해보기 바란다.

[그림 5-1] 환경 분석 방법

　　마케팅이란 소비자에게 재화, 서비스 또는 가치를 전달하는 것과 관련된 활동이라고 했다. 분식집은 맛있는 음식(재화)과 좋은 서비스를 소비자에게 제공한다. 분명히 여러분들이 생각하기로는 A의 음식은 맛이 있고 학생들에게 친절하게 해줬는데 그렇다면 왜 손님이 오지 않는 것일까?  이것에 대한 생각을 다양한 방면에서 해보는 것에서 마케팅은 출발한다. 장사가 안 된다는 문제를 해결하기 위해서는 A의 문제점은 무엇인지, B는 무엇을 잘해서 손님이 많이 몰리는 것인지, 단순히 분식집 자체에 대한 인기가 떨어진 것은 아닌지와 같은 질문을 통해 다양한 환경을 분석하고 구체적으로 무엇이 문제인지를 파악해야 한다. 마케팅에서는 이러한 환경 분석을 하는 방식으로 크게 PEST 분석과 3C 분석을 제시한다. PEST 분석은 시장을 둘러싼 거시적 환경을 분석하는 것으로 정치적, 경제적, 사회/문화적, 기술적 환경을 분석하는 방법이다. 또한 3C 분석이란 시장을 둘러싼 미시적 환경을 분석하는 것으로 자사(Company), 경쟁사(Competitor), 소비자(Customer)에 대한 분석을 하는 방법이다. 구체적인 방법론은 6장에서 다룰 것이다. 결론적으로 환경 분석을 한다는 것은 A가 장사가 안 되는 이유를

생각해 볼 때, 단순히 A의 청결 상태, 음식의 간, 가격만을 생각해볼 것이 아니라 경쟁사 B의 상황도 체크해보고 3장에서 언급했던 고객의 니즈 등을 파악해봐야 한다는 것이다.

## 2. STP - Segmentation

환경 분석이 마무리되면 일반적으로 시장을 세분화하고(Segmentation), 목표 시장을 정한 후(Targeting), 구체적으로 어떻게 목표 시장이 분식집 A를 이용하게 할지에 대한 활동(Positioning)들이 이루어진다. 이 3가지 단계를 각 단계의 앞 글자를 따서 STP라고 부른다. 보다 자세한 내용은 역시 6장에서 다룰 예정이기 때문에 지금은 간단히 STP란 무엇인지에 대한 소개를 하려 한다. 우선 시장을 세분화한다는 것이 이해가 잘 안 될 수 있다. 시장이란 광장 시장, 수산 시장과 같이 재화나 서비스가 거래되는 물리적인 공간을 말하기도 하지만, 추상적인 공간도 포괄하는 단어이다. 시장은 기본적으로 판매자, 구매자, 그리고 거래되는 재화나 서비스로 구성되어 있다. A가 속한 시장은 단편적으로 생각해 봤을 때 A와 B가 경쟁하는 분식 시장이라고 볼 수 있다. 판매자는 여러분과 B의 사장이고 구매자는 다양한 소비자들이며, 거래되는 재화나 서비스는 떡볶이나 튀김 등 다양한 음식이라고 할 수 있다. 시장을 세분화한다는 것은 분식 시장의 소비자들을 그룹지어 생각해 본다는 것이다. 이렇게 시장을 세분화하려면 기준을 정해야 하는데, 그 기준으로는 지리적 기준, 인구 통계적 기준, 심리 분석적 기준, 행태적 기준이 있다.

● [표 5-2] **시장 세분화의 기준**

| 지리적 기준(Geographic) | 지역, 인구 밀도, 도시 크기 기후 등 |
|---|---|
| 인구 통계적 기준(Demographic) | 성별, 나이, 소득, 직업, 학력, 종교, 교육 수준 등 |
| 심리 분석적 기준(Psychographic) | 생활 양식(Life Style) 등 |
| 행태적 기준(Behavioial) | 추구하는 편익, 제품 사용량, 상표 충성도, 가격 민감성 등 |

인구 통계적 기준으로 분식 시장을 세분화 해본다면 분식 시장의 소비자들은 크게 남자 중학생, 여자 중학생, 남자 고등학생, 여자 고등학생, 학부모, 교직원 등으로 세분화해 볼 수 있다.

[그림 5-2] 시장 세분화의 예시

언뜻 생각하면 의미 없어 보이고 귀찮아 보이는 이러한 시장 세분화를 왜 하는 것일까? 구체적인 목표 소비자층을 설정하기 위해서이다. 다시 A와 B의 상황으로 돌아가서 여러분들이 환경 분석을 한 결과, B는 모든 메뉴에 치즈 사리를 추가할 수 있어서 소비자들이 좋아했을 것이라는 결론을 내렸다고 해보자. 이에 질세라 여러분들도 신메뉴를 개발하고자 한다. 무슨 메뉴를 개발하겠는가. 모짜렐라 치즈라면?  치즈폭포 볶음밥?  신메뉴에 대한 창의적인 발상에 대한 고민 이전에 어떠한 소비자층에게 그 메뉴를 팔지부터 고민해야 한다. 자녀들을 학원에 데려다 주고 집으로 가는 학부모에게 신메뉴를 팔 것인지, 학교 끝나고 집에 돌아가기 전 군것질거리가 필요한 학생들에게 팔 것인지에 대한 명확한 정의 없이 막연하게 이 메뉴는 맛있으니까 잘 팔릴 것이라고 생각한다면 큰 오산이다. 목표로 하는 주된 소비자층에 따라 신메뉴의 방향성은 완전히 달라진다. 이렇게 시장을 세분화하고 목표 소비자층을 결정하는 전략에는 크게 4가지 대안이 있다.

### 🧍 본원적 시장 전략의 네 가지 대안

❶ 비차별화 전략: 시장을 세분화하지 않고 모든 소비자를 목표 소비자층으로 설정하는 전략이다. 시장의 초기 상태일 때, 소비자의 니즈가 동질적일 때, 차별화로 발생하는 이익보다 비차별화로 절감하는 비용이 높을 때 성공할 수 있다.

❷ 집중화 전략: 시장을 세분화한 후 하나의 세분 시장을 목표 소비자층으로 설정하는 전략이다. 경쟁이 매우 치열할 때, 시장의 후발 주자일 때, 니즈가 분화되어 있을 때 성공할 수 있다. 그러나 목표 시장이 위험해지면 기업 또한 위험해진다는 잠재적 위험이 있다.

❸ 차별화 전략: 두 개 이상의 시장을 차별화된 전략으로 공략하는 전략이다. 비차별화 전략의 장점인 생산 비용 절감과 집중화 전략의 장점인 차별화된 제품이라는 두 장점을 고루 취할 수 있다. 그러나 마케팅 비용이 오히려 많이 들 수 있다는 잠재적 위험이 있다.

❹ Mass Customization 전략: 소비자를 그룹지어 생각하지 않고 소비자 한 명 한 명을 목표 소비자층으로 설정하여 각 소비자의 니즈를 충족시켜주려는 전략이다.

4가지 대안 중 어떠한 전략을 취할지는 시장 세분화를 한 후 세분화된 시장의 특징을 분석한 후 선택한다.

## 3. STP – Targeting

시장 세분화가 끝났다. 큰 고비는 넘긴 셈이다. 시장 세분화가 끝났다면 이제는 어떤 세분화된 시장을 목표 시장으로 할 것인지 설정해야 한다. 그러려면 각 시장을 비교·분석해야 하는데, 일반적으로 시장을 비교·분석할 때에는 각 시장의 매력도와 자사 적합도를 함께 고려한다. 즉 여러 가지 시장 중 나에게 가장 많은 돈을 가져다주거나 단골이 될 것 같은 시장은 어디고, 그 시장을 목표로 삼기에 현재 나의 상황이 괜찮은지를 판단해 보는 과정이다. 시장 매력도를 평가하는 척도로는 시장 규모, 경쟁 정도, 성장 잠재력, 진입 장벽의 크기 및 구축 가능성, 안정성 등 다양한 요소가 있다. A의 경우에 적용시켜 보면 어떤 소비자층이 가장 많은 수를 차지하고(시장 규모), B가 주력으로 노리는 소비자층은 무엇이며(경쟁 정도), 만약 남자 고등학생층을 목표 소비자층으로 한다면 그들이 정말 A의 물건을 적극적으로 구매할 것인가와 친구들도 데려올 것인가(성장 잠재력)에 대한 판단을 각 세분 시장별로 해야 한다. 이러한 각 시장의 매력도를 판단했다면 이제는 자사 적합도를 고려해야 한다. 자사 적합도란 목표로 하는 시장에 진입하기에 자사(A)가 충분한 여건이 되는지의 여부이다. 자사 적합도를 고려할 때는 구체적으로 재무 적합도, 기술 적합도, 유통망 적합도, 마케팅 역량 적합도 등을 고려한다. 물론 A의 경우처럼 신규 경쟁자에 맞서기 위해 집중할 시장을 선정하는 경우나 아니면 시장이 포화되어 새로운 시장을 개척하는 경우를 생각해볼 때, 앞서 소개한 시장 매력도 고려 요소와 자사 적합도 고려 요소를 항상 모두 고려하는 것은 아니다. 모든 요소를 고려하고 지나치게 신중하게 접근하는 것이 항상 성공을 보장하지 않으며 때로는 빠르게 판단하여 변

화에 발맞추는 것이 정답일 때도 있다. 이렇게 시장 매력도와 자사 적합도를 모두 고려했다면 각각의 평가 척도에 가중치를 부여하고 각 시장의 가중 총합을 계산하여 목표 시장의 우선순위를 설정한다.

● [표 5-3] 세분화 시장 평가 예시

| | | | 세분 시장 | | |
|---|---|---|---|---|---|
| | | | 중고등학생 | 학부모 | 교직원 |
| 평가 척도 | 시장 매력도 | 시장 규모(0.2) | 4 | 2 | 2 |
| | | 경쟁 정도(0.1) | 3 | 3 | 3 |
| | | 성장 잠재력(0.2) | 5 | 3 | 2 |
| | | 진입이 용이한 정도(0.2) | 4 | 2 | 2 |
| | 자사 적합도 | 재무 적합도(0.1) | 3 | 2 | 2 |
| | | 기술 적합도(0.2) | 4 | 3 | 3 |
| | 가중 총합 | | 4 | 2.5 | 2.3 |

이해를 돕기 위해 [표 5-3]을 보자. 가중치의 합은 1이 되게 하고 각 항목을 5점 척도로 평가한 표이다. 복잡해 보이니 하나하나 살펴보자. 가로축 세분 시장은 앞서 시장을 세분화한 것을 요약하여 보여주고 있다. 편의상 남녀 중학생, 고등학생을 합쳐 중고등학생으로 칭하였다. 또한 세로축인 판단 척도는 시장 매력도와 자사 적합도의 구체적인 평가 척도를 보여주고 있다.

각 구체적 평가 척도 옆 괄호 안에 표시된 숫자가 바로 가중치이다. 가중치란 각 평가 척도에 부여하는 중요한 정도이다. 위의 예시에서는 평가 척도 전체의 중요도를 1로 보았을 때, 시장 규모는 0.2만큼의 가중된 중요도를 가진다는 의미이다. 사람마다, 특정 기업이 처한 상황마다 중요시해야 할 평가 척도가 다르기 때문에 상황에 맞는 가중치를 부여하는 것은 매우 중요하고 그만큼 어려운 일이다. 이제는 가로축과 세로축이 만나는 지점들을 보자. 시장 규모 옆에는 4, 2, 2의 숫자가 쓰여 있다. 이는 중고등학생이 시장 규모의 측면에서 5점 만점에 4점, 학부모와 교직원은 2점의 점수를 받았다는 것을 의미한다. 일반적으로 점수가 높을수록 긍정적인 의미이다. 그러면 이제 각 항목별, 세분화 시장별 점수도 매겼으니 마지막으로 가중 총합을 살펴보자. 가중 총합은 '각 세분화 시장별 가중치*평가 점수'의 총합이다.

중고등학생의 가중 총합은 4이다. $0.2 \times 4 + 0.1 \times 3 + 0.2 \times 5 + 0.2 \times 4 + 0.1 \times 3 + 0.2 \times 4$를 계산하면 4가 나온다. 학부모와 교직원의 가중 총합도 같은 방식으로 구하였다. 이렇게 각 세분 시장별로 시장 매력도와 자사 적합도를 평가하면 목표 시장의 우선순위를 매길 수 있다. A의 경우에는 중고등학생이 가장 높은 점수를 받았으므로 A를 목표로 하는 것이 논리적이고 이성적인 결론일 것이다.

## 4. STP – Positioning

지금까지 시장을 세분화하고 목표 소비자층도 설정해 보았다. 그러면 이제 STP의 마지막인 포지셔닝 전략을 짤 차례이다. 포지셔닝이란 무엇일까? 영어로는 position에 ing가 붙은 형태인데, position은 무언가를 위치시키고 자리 잡는다는 뜻이다. 이것을 보다 마케팅적 관점으로 해석해 보자면 조직 또는 개인이 소비자들의 마음에 자신들의 재화나 서비스, 가치를 자신들이 원하는 방향으로 자리 잡게 하는 일련의 행동이라고 할 수 있다.

여러분들이 수업을 마치고 점심 식사를 하러가는 과정을 생각해보자. 식당을 고를 때 물론 그날 먹고 싶은 음식을 먹으러 갈 확률이 가장 높겠지만, 가고 싶은 식당이 두 곳 이상이라 고민될 때가 있다. 음식점1은 가격은 싸지만 메뉴가 다양하지 않고, 음식점2는 가격이 비싸진 않지만 메뉴가 다양해서 결정하기가 어려울 수 있다. 이런 상황에서 음식점1은 '싼 가격', '메뉴의 다양성 떨어짐'으로 여러분들의 마음에 포지셔닝 되어 있다고 할 수 있다. 앞서 언급한 환경 분석 중 미시 환경 분석 방법인 3C분석을 통해 소비자들이 자사와 경쟁사에 대해 어떠한 이미지를 갖고 있는지 대략적으로 파악할 수 있다.

다시 분식점의 예시로 돌아와 보자. 그림 [5-3]은 A와 B분식점의 포지셔닝 예시이다. 소비자들이 인식하고 있는 A와 B의 이미지를 비교할 때 두 비교 기준을 설정하고, 좌표에 자사와 경쟁사를 나열하여 시각화할 수 있는데, 이를 '포지셔닝 맵'이라고 한다. A와 B를 '메뉴 다양성', '가성비'를 기준으로 비교했을 때, 크게 4가지 상황이 발생할 수 있다. 먼저 A가 A1의 영역에 위치해 있다면, A는 B보다 메뉴 다양성도 좋고 가성비도 좋은 상황이다. 그럼에도 불구하고 A는 B보다 장사가 잘 되지 않고 있기 때문에 다른 보강할 요소를 고려해야 한다. 만약 A가 A2의 영역에 위치해 있다면 A는 B보다 메뉴 다양성은 좋지만 가성비는 좋지 않은 상황이다. 이런 상황에서는 가성비를 강화하여 소비자에게 A를 다시 포지셔닝시켜야 한다.

A3 영역은 메뉴 다양성도 부족하고 가성비도 부족한 상황이기 때문에 둘 다 강화하여야 한다. A4 영역도 마찬가지로 메뉴 다양성은 부족하지만 가성비는 더 좋은 상황이기 때문에 메뉴 다양성을 강화하여야 한다. 물론 메뉴 다양성과 가성비 말고도 다른 비교 기준은 수없이 많이 존재할 수 있다. 따라서 자사와 경쟁사의 포지셔닝 맵을 그릴 때에는 수익과 가장 큰 연관이 있는 두 기준을 정하는 것이 중요하다.

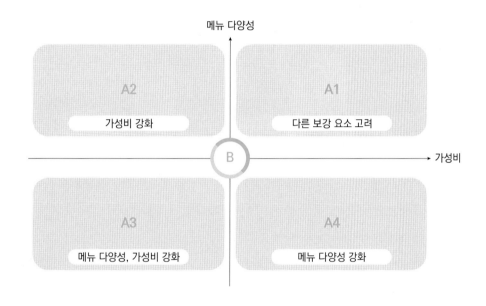

[그림 5-3] 포지셔닝 맵 예시

이러한 포지셔닝 전략으로는 셀 수 없이 많은 것들이 있다. 자사가 시장의 선두 주자일 때와 후발 주자일 때가 다르고(A는 B보다 먼저 장사를 시작했으니 선두 주자라고 할 수 있다), 소비자에게 전달할 포지셔닝 콘셉트의 숫자에 따라서도 달라질 수 있다. A가 B와의 경쟁에서 승리하기 위해 신메뉴를 개발한다 했을 때에도 포지셔닝 전략을 다양하게 구사할 수 있다.

[그림 5-4]는 포지셔닝 프로세스를 도식화한 것이다. 목표로 하는 소비자층에게 효과적으로 포지셔닝될 만한 포지셔닝 요소와 방법을 선정한 후 그것을 어떻게 녹여넬지에 대한 전략을 세우는 것이 STP의 마지막 단계인 포지셔닝 프로세스이다.

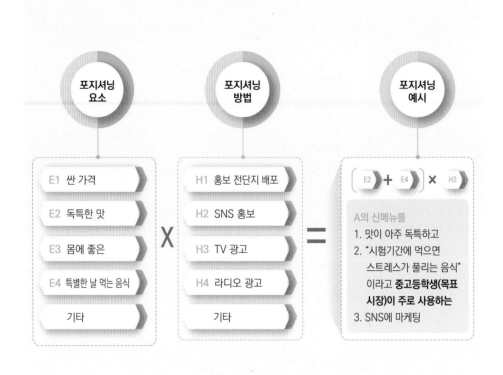

[그림 5-4] 포지셔닝 프로세스 도식화 예시

## 5. 마케팅 프로세스의 도식화

지금까지 마케팅이란 무엇이고 마케팅 프로세스는 환경 분석과 STP의 과정을 거친다는 것을 알아봤다. 사실 마케팅 프로세스는 여기서 끝이 아니다. STP 프로세스를 끝마친 후에는 제품(Product), 가격(Price), 유통(Place), 촉진(Promotion)에 대한 구체적인 전략을 세우는 4P 믹스 전략도 세워야 하고, 브랜드 자산의 구축, 활용, 강화 및 재활성화를 위한 전략도 세워야 하는 등 다양한 활동을 추가적으로 해야 한다. 하지만 본 장에서는 마케팅의 개념과, 마케팅을 할 때는 기본적으로 환경 분석과 STP를 통한 전략 구축이 필요하고 그것을 실행한 후 사후 관리가 필요하다는 것 정도만 언급하고 넘어가려 한다. 다음은 마케팅 프로세스를 도식화 한 것이다.

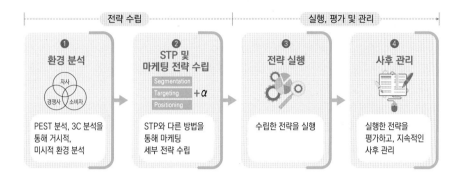

[그림 5-5] 마케팅 프로세스 도식화

## 제2절   마케팅의 변천

지금까지 마케팅이란 무엇인지에 대해서 간략하게 알아봤다. 이번 절에서는 이러한 마케팅이 시간의 흐름에 따라 어떠한 방식으로 이루어졌는지에 대하여 알아보고자 한다. 마케팅에는 언제나 성공하는 '필승 전략'이라는 것이 존재하기 힘들기 때문에 시대에 따라, 소비자들의 니즈에 따라 다른 마케팅 전략을 펼쳐야 한다. 따라서 마케팅의 변천사와 앞으로 나아갈 방향에 대해 알아보는 것은 중요하다. 본 절은 '마케팅의 아버지'라 불리는 필립 코틀러 (Philip Kotler, 1931.05.27.~)가 정의한 마켓 1.0부터 4.0의 개념을 통해 시장의 변천과 마케팅의 변천사를 살펴볼 것이다. 마켓 1.0부터 4.0은 1차부터 4차 산업혁명까지의 흐름과 상당 부분 일맥상통하기 때문에 학창시절 배웠던 세계사를 떠올리며 읽으면 보다 이해가 쉬울 것이다.

### 1. 마켓 1.0 - 제품 중심

마켓 1.0은 산업혁명의 시작과 그 맥락을 같이한다. 생산성이 극도로 향상된 기업들은 제품들을 대량 생산하기 시작하고, 소비자들은 과거엔 없어서 못 샀던 제품이 보다 싼 가격에

출시되자 제품을 적극적으로 구매하기 시작한다. 이때는 경쟁이 그렇게 심화되지 않았고 제품 그 자체가 중요했기 때문에 기업들은 특별히 소비자들에게 포지셔닝 요소를 창의적인 방법으로 전달하는 것에 대해 크게 고민하지 않았다. 대신 제품의 품질을 높이는 일, 싸게 대량으로 생산할 수 있는 규모의 경제를 실현시키는 것에 더 많은 관심과 노력을 기울였다. 따라서 마켓 1.0에서의 마케팅은 제품 위주의 마케팅이라고 요약할 수 있다.

## 2. 마켓 2.0 - 소비자 중심

생산력이 증대되고 기술이 발전함에 따라 많은 경쟁 기업들이 생겨났고, 품질도 어느 정도 수준으로 평준화되기 시작했다. 과거에는 수요가 공급보다 많았다면 이제는 공급이 수요를 넘어서는 시대가 온 것이다. 이렇게 되자 소비자들은 이제 더 이상 무차별적으로 아무 기업의 제품이나 소비하지 않고 다양한 욕구를 가지기 시작했다. 기업들은 경쟁업체가 늘어나고 소비자들도 더 이상 예전처럼 자신들의 제품을 구매해주지 않자 불안해지기 시작한다. 그래서 발전된 정보 기술을 활용하여 소비자들의 다양한 니즈를 파악하기로 한다. 기업들은 파악한 니즈를 가지고 소비자들을 세분화시켜 각 시장에 맞는 마케팅 전략을 고안했다. 앞서 배웠던 STP의 태동인 것이다. 마켓 2.0 시대에는 더 이상 특색 없는 제품을 대량으로 생산하는 소품종 대량 생산 체제가 아닌 다양한 소비자들의 니즈에 맞춘 다양한 종류의 제품을 소량으로 생산하는 다품종 소량 생산 체제가 된다. 마켓 1.0 시대에는 제품 그 자체에만 집중했다면 마켓 2.0 시대에는 소비자에 집중하여 그들의 니즈를 파악하는 데 집중하고, 그것을 충족시켜주는 방식으로 마케팅을 하게 된다.

## 3. 마켓 3.0 - 인간, 가치 중심

1절에서 시장을 구성하는 요소로는 판매자와 소비자, 그리고 거래되는 재화와 서비스가 있다고 했다. 마켓 1.0은 판매자, 거래되는 재화와 서비스 중심이었고, 마켓 2.0은 소비자가 중심이었다. 그렇다면 마켓 3.0은 무엇이 중심이 되는 시장일까?  마켓 3.0도 따지자면 소비자가 중심이긴 하다. 그러나 단순한 소비자를 넘어선 인간이 중심이 되는 시장이다. 또한 기업들이 더 이상 재화나 서비스만을 제공하는 역할이 아니라 사회적 책임을 다하고, 가치 있

는 일을 통해 세상에 기여하는 것이 중요해지는 시장이다. 마켓 2.0에서 소비자를 이성적이고 감성적인 소비자로 바라봤다면 마켓 3.0에서는 이성과 감성을 지님은 물론이고 영혼까지 지닌 완전한 인간으로 바라본다. 마켓 3.0 시대에는 소비자들이 더 이상 제품 하나만을 보고 구매하지 않는다. 그 기업이 중시하는 가치를 보고 구매하는 시대가 온 것이다.

'마리몬드'라는 브랜드의 제품을 구매해본 적이 있는가? 마리몬드는 자신들의 수입 중 일부를 위안부 피해 할머니들을 위해 기부하는 패션 잡화 브랜드이다. 마리몬드 제품을 구매하는 사람들을 '마리몬더'라고 칭하고 'I MARYMOND YOU'라는 슬로건도 존재한다. 물론 마리몬드의 스토리를 모른 채 제품만을 보고 디자인이 마음에 들어 구매한 사람들도 있겠지만, 마리몬드의 제품을 구매하는 대부분의 사람들은 제품 자체와 함께 마리몬드가 추구하는 가치를 소비함으로써 스스로 '마리몬더'가 되고자 한다. 이처럼 마켓 3.0 시대에는 더 이상 제품 그 자체만으로 경쟁하는 데 어려움이 있다. 각 기업이나 브랜드마다 자신들이 사회에 어떻게 기여하고 있고, 추구하는 가치는 무엇인지를 명확히 설정하고 그것을 어필하는 방식으로 마케팅이 이루어지는 시대가 마켓 3.0이다.

## 4. 마켓 4.0 – 초연결된 시장

마켓 4.0은 4차 산업혁명과 함께 시작되었다. 4차 산업혁명의 중요한 특징 중 하나는 기술이든 사람이든 서로 연결된다는 것이다. 새로운 기술이 생겨남과 동시에 기존의 기술들을 융합한 기술이 쏟아져 나오고 있고, 정보 통신 기술의 고도화로 사람과 사람, 기업과 소비자 간 벽이 허물어지고 있다. 필립 코틀러는 저서인 『마켓 4.0』에서 사회가 '수직적, 배타적, 개별적'에서 '수평적, 포용적, 사회적'으로 변화가 일어날 것이라고 말한다. 기업이 소비자의 의견을 반영하는 수준을 넘어서 그들 하나하나의 니즈를 충족시켜줘야 하는 mass customization의 시대가 도래한 것이다. Mass customization이란 소비자를 그룹지어 시장으로 생각하는 것이 아니라 소비자 한 명 한 명을 시장으로 생각하여 각자의 니즈를 충족시켜 준다는 것이다. 필립 코틀러는 이러한 시대에는 '기계 대 기계의 연결성을 인간 대 인간의 접촉으로 보완하는 마케팅 전략'이 필요하다고 강조했다. 전통적인 방식인 4P 믹스(Product, Price, Place, Promotion)만을 고집하는 것은 시대착오적인 발상이다. 이제는 4P보다는 4C를 강조해야 할 시대이다. 4C란 공동 창조(Co Creation), 통화(Currency), 공동체 활성화(Communal activation),

대화(Conversation)를 의미하는데, 이는 소비자들과 기업을 분리된 존재가 아니라 연결된 존재로 인식하여 마케팅 전략을 수립하여야 한다는 것이다. 또한 고객의 구매 경로를 기존에는 4A(인지, 태도, 행동, 반복행동)로 정의했다면 이제는 5A(인지, 호감, 질문, 행동, 옹호) 단계로 정의해야 하며, 그 중에서도 소비자들의 질문과 피드백을 이끌어내어 그들이 원하는 제품과 서비스를 즉시 제공할 수 있는 마케팅 전략이 대두되고 있다. 브랜드의 호기심을 자극하기 위한 콘텐츠 마케팅 역시 떠오르는 방식이다.

지금까지 마켓 1.0부터 4.0을 통한 마케팅의 변천을 살펴보았다. 제품 중심부터 시작하여 기업과 소비자를 연결하여 생각하는 것이 중요한 시장에 이르기까지 많은 변화가 있었지만, 5차 산업혁명이 도래한다면 마켓 4.0의 마케팅 방식에서 더욱 발전된, 그 시대에 알맞은 새로운 마케팅 전략이 등장할 것이다.

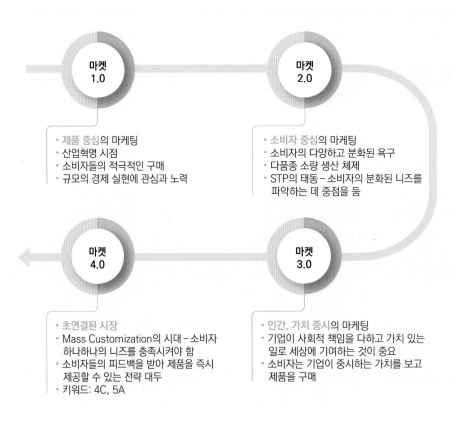

[그림 5-6] 마케팅 1.0부터 4.0까지

# 제3절 항공 마케팅 개요

## 1. 항공운송 서비스의 특성

항공기를 타고 제주도나 해외로 여행을 떠나본 적이 있는가? 그러한 경험이 있다면 처음 항공기를 탔던 순간을 기억할지 모르겠다. 항공기가 이륙할 때 심장이 철렁하는 그 느낌, 기내식, 항공기 내부에 있는 화장실, 스튜어디스 등 모든 것이 새로운 경험이다. 그러면 항공사는 고객에게 어떠한 가치를 전달할까. 비행기 좌석, 기내식 등의 눈에 보이는 유형재로 설명할 수도 있지만, 일반적으로 항공사는 항공운송 서비스를 제공한다고 말한다. 즉 고객을 안전하게 목표 지점까지 운송해 주는 것이 항공사가 제공하는 궁극적인 서비스인 것이다. 여기서 항공사가 제공하는 것이 굳이 '서비스'임을 강조하는 이유가 있다.

여러분들이 항공기를 타봤을 때의 기억을 되살려보자. 혹시 항공기 좌석이 만석이었는가? 그랬을 수도 있지만 아마 아니었을 것이다. 비성수기에 항공기 좌석이 퍼스트클래스부터 이코노미클래스까지 만석인 경우는 흔치 않다. 소비자들은 항공기의 좌석이 비면 빈자리로 옮겨가 편하게 갈 수 있어서 좋아하겠지만, 항공사의 입장에서는 절대 그렇지 않다. 만약 통조림이 300개 준비되어 있는데 소비자가 100명만 왔다면 팔리지 않은 200개의 통조림은 내일 팔면 된다. 하지만 항공기의 좌석은 통조림처럼 저장했다가 나중에 고객에게 팔 수 없다. 팔리지 않은 항공기 좌석은 그대로 항공사에게는 손해가 된다. 즉 항공운송 서비스의 제공 능력이 미리 결정되어 있어 수요 변화에 공급량을 조절할 수 없고 이는 수요를 충분히 확보하지 못했을 때 기업에 큰 손실을 안겨준다.

서비스의 제공 능력이 미리 결정되어 있어 수요 변화에 공급량을 조절할 수 없다는 것, 이것이 항공운송 서비스의 가장 큰 특징이다. 이러한 특징 때문에 기본적으로 항공사는 소비자의 수요를 증진시켜야 할 필요가 있고, 국제 항공 운송 시장에서 기업 간 경쟁이 격화됨에 따라 이러한 필요는 더욱 강화되었다. 이것이 항공사 마케팅의 중요성이 대두된 이유이다.

## 2. 항공사 마케팅의 특성

항공사는 유형재를 파는 기업들보다 고객의 수요가 필수적이고 고객 만족이 중요한 산업 군이기 때문에 신규 고객을 확보하는 것도 중요하지만, 기존 고객을 유지시키는 것도 중요 하다. 기존 고객을 유지시키는 것은 다른 표현으로 '고객 이탈률을 줄인다'라고 표현하기도 한다. 이러한 방법으로는 크게 두 가지가 있다.

### 🧍 고객 유지의 두 가지 방법

❶ 전환 비용(Switching Cost) 높이기 : 전환 비용이란 한 기업의 제품이나 서비스를 소비하다 가 다른 기업의 제품이나 서비스로 소비를 전환하는 데 드는 비용을 의미한다. 문서 작업 파일로 마이크로소프트사의 'Word'만 사용하다가, 공무원이 되어 문서 작업을 '한 글'로만 해야 하는 경우를 예로 들 수 있다. 워드에서 쓰던 단축키가 한글에서는 적용 되지 않아 느끼는 불편함, 기존에 작업하던 문서들을 다 한글화시켜야 하는 데에서 오 는 불편함 등이 전환 비용 중 하나가 될 수 있다. 항공사가 이러한 전환 비용을 높이면 고객들은 새로운 항공사의 서비스를 이용하는 데 불편함을 느낄 것으로 예상하고 전 환이 잘 일어나지 않게 된다. 그러나 전환 비용을 높이는 것은 종종 소비자나 여론 등 의 비난을 받을 수 있기 때문에 전환 비용을 높이는 전략에만 의존하는 것은 불안전한 전략이다.

❷ 고객 충성도(loyalty) 높이기 : 특정 고객이 한 기업의 제품이나 서비스를 반복적으로 구 매하는 구매 태도를 지닐 때, 이 고객은 특정 기업에게 충성도가 높다고 말한다. 주변에 애플사의 핸드폰만 쓰는 친구가 있을 것이다. 그런 친구들은 애플에 충성도가 높은 친 구들이다. 항공사는 고객의 충성도를 높이기 위해 일반적으로 마일리지 시스템을 적 용하거나 멤버십 혜택을 준다. 마일리지 시스템은 고객의 충성도를 높이는 동시에 전 환 비용을 높이는 하나의 방법으로도 적용될 수 있기 때문에 대부분의 항공사는 마일 리지 시스템을 적용하고 있다. 이러한 제도적인 방법 말고도 고객 충성도를 높이기 위 한 방법으로는 고개만족을 높이는 간접적인 방법도 있다. 친절한 서비스와 안전한 운 송을 통해 '고객 감동'을 불러일으켜 특정 항공사만을 이용하게 하는 것이다. 제도적

인 방법과 고객 감동 모두를 활용하여 고객 충성도가 높아진 고객은 쉽게 타 항공사로 이탈하지 않는다.

항공사는 다양한 나라에 고객들을 보유하고 있다. 한국 항공사라고 해서 한국 고객만을 태우는 것이 아니기 때문이다. 따라서 항공사들은 세계 각국의 고객들을 확보하기 위하여 마케팅을 하게 되는데, 과거에는 각국의 사회적, 정치적, 문화적 차이를 이유로 마케팅이 쉽지 않았다. 그러나 다양한 기술의 발달과 세계화로 인하여 세계 각국의 문화적 벽이 다소 허물어지면서 세계 여러 나라에 고도로 통일된 마케팅을 하는 글로벌 마케팅이 대두되고 있다. 과거에는 각 나라의 예민한 문화적 차이를 고려하여 다른 마케팅 내용을 준비해야 했기 때문에 비용이 많이 들어갔다면 이제는 많이 표준화된 마케팅 방안으로 세계 여러 나라의 고객을 타깃으로 할 수 있기 때문에 마케팅의 효율성이 높아졌다. 따라서 항공사는 더 이상 공급에 수요를 맞추기 위해 국내에서만 고객을 찾지 않고, 다양한 나라에서 고객을 확보하려는 노력을 해야 한다. 물론 이러한 글로벌 마케팅은 1절에서 소개한 마케팅 프로세스에 따른 철저한 마케팅 전략 없이는 성공할 수 없을 것이다.

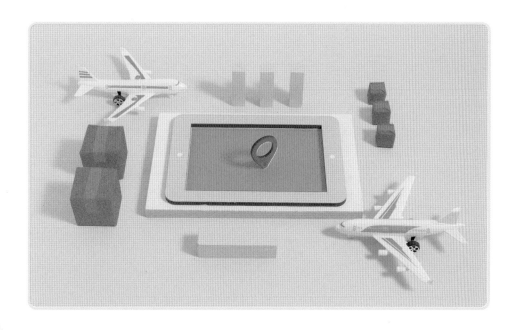

# Quiz

❶ 다음 중 본원적 시장 전략의 종류가 아닌 것을 고르시오.

① 차별화 전략
② 비차별화 전략
③ Mass Customization 전략
④ 집중화 전략
⑤ 다양화 전략


❷ 다음 빈칸을 채우시오.

마켓 1.0: _____ 중심 마케팅

마켓 2.0: _____ 중심 마케팅

마켓 3.0: _____ 중심 마케팅

마켓 4.0: _____ 전략


❸ 항공사가 고객을 유지하는 데는 두 가지 방법이 있었다. 두 가지 방법을 쓰고, 그 방법에 대해 구체적으로 설명하시오.

_____

_____

_____

_____

_____

Memo

Aviation Tourism
Marketing_____

Chapter 6

# 항공사 마케팅 전략

제1절 경영 환경 분석
제2절 시장 세분화
제3절 표적 시장
제4절 포지셔닝

Chapter

6

항공 수요란 항공운송 서비스를 이용할 의도를 가지고 있는 고객을 말하며, 항공운송 서비스에 대한 needs를 가진 소비자에게 구매력(Purchasing Power)이 뒷받침될 때 구체화된다. 항공 수요에 영향을 주는 요소는 GDP 성장률과 같은 경제적 요인과 더불어 소득 증가로 인한 여행 욕구 증대, 기업의 글로벌화에 따른 해외 비즈니스 기회 확대, 대형 국제 행사 개최, 유학 및 연수 등 다양하게 존재한다. 또한 항공 수요는 항공사의 영업 전략과 고객의 구매 패턴에 따라 영향을 받을 수 있다.

고객은 항공 여행 이용 목적과 개별 선호도에 따라 선택하는 항공사가 달라진다. 고객의 항공사 선택 속성은 항공사 브랜드, 서비스 수준, 안전, 스케줄, 가격, 상용 고객 프로그램 등 다양하다. 이렇듯 다양한 고객의 needs를 찾아 그 욕구를 충족시킬 수 있는 마케팅 전략을 수립하고 실행하는 것이 항공사 마케팅 전략의 핵심이라고 할 수 있다.

## 제1절  경영 환경 분석

마케팅이란 기업이 경영 목적을 달성하기 위하여 기업을 둘러싼 경영 환경을 분석하고 상품, 가격, 판촉 및 유통을 계획하고 수행하는 프로세스다. Kotler는 "마케팅은 조직의 목표를 달성하기 위하여 어떤 가치에 대해 표적 시장과 자발적인 교환이 유발되도록 고안된, 공식적인 프로그램을 신중하게 분석, 기획, 수행, 통제하는 것이다. 이는 전적으로 표적 시장의 욕구와 바람을 충족시켜줄 수 있도록 조직이 제공할 수 있는 것을 계획하고, 시장에 알리고 동기화하며, 효과적인 가격, 의사소통, 유통의 사용을 어떻게 하느냐에 달려 있다"고 하였다. (주: PhilipKotler,"PrincipleofMarketing",Prentice-Hall,Vol.V(1983),p.5.)

미국마케팅협회 AMA(American Marketing Association,1985)에서는 마케팅에 대해 "개인과 조직의 목적을 만족시키는 교환을 창출하기 위해 아이디어, 상품, 서비스의 개념화, 가격 설정, 촉진, 유통을 계획하고 실행하는 과정"이라고 정의를 내려 제품 위주였던 이전의 마케팅 개념을 아이디어, 서비스까지 포함시켜 확장하였다. 일반적으로 기업의 마케팅 프로세스는

환경 분석 및 마케팅 목표 수립, 세분 시장 마케팅 전략 수립, 마케팅 믹스의 수립, 마케팅 활동의 실행, 평가 과정으로 이루어진다. 그 가운데 기업 환경 분석은 기업이 처한 환경을 이해하는 마케팅 프로세스의 첫 번째 과정으로서 통상 3C Analysis라 불리는 자사(Company), 경쟁자(Competitor), 고객(Customer)등에 대한 분석을 말한다.

### 🧍 마케팅 프로세스

- 환경 분석(Analyze Situation) : 3C Analysis

  Company, Competitor, Customer
- 마케팅 전략 수립(Set Strategy) : S-T-P
- 수행 계획 수립(Formulate Action Plan) : 전통적 마케팅 믹스(4P) + 확장된 마케팅 믹스(3P)
- 마케팅 성과 평가(Monitor and Assessment)

## 1. 자사(Company) 환경 분석

"지피지기면 백전백승"이라는 말이 있듯이 경쟁에서 승리하기 위해서는 우선 자신을 아는 것이 중요하다. 기업이 경영 목표 달성을 위해 시장을 세분화하고 표적 시장을 선정하기 위해서는 기업의 내부 환경이 기업이 진입하려는 시장, 즉 표적 시장과 적합한지를 분석하여야 한다. 기업의 사명과 문화, 기업 역량 등이 목표 시장과 적합한지를 분석하는 것은 마케팅 프로세스의 첫 번째 단계이다. 다음은 기업의 의사 결정 과정에서 환경 분석의 기법으로 자주 활용되는 PEST 분석과 SWOT 분석에 대해 알아보기로 한다.

### (1) PEST 분석

PEST 분석은 정치적(Political), 경제적(Economic), 사회적(Social), 기술적(Technological) 요인 등 기업의 활동 및 경영 성과에 영향을 줄 수 있는 외부 요인을 파악하는 분석 기법이다. 기업은 PEST 분석을 통하여 자사에 대한 기회(opportunity) 요인과 위협(threat) 요인들에 대해 선제적으로 대처할 수 있으며 특히 경영 전략을 수립하는 데 있어서 사업의 확대나 축소냐 등 미래 사업 방향에 대한 의사 결정을 하는 데 효과적으로 활용할 수 있다.

**❶ 정치적(Political) 요소**

세금, 관세, 노동 환경, 무역 제재, 환경법, 정치 안정 등 정부의 영향 정도를 말한다. 정치적 요소는 정부 차원에서 촉진하거나 제재하고자 하는 재화나 용역의 종류를 포함하기도 한다. 국가적 차원에서 중앙 정부가 보건, 교육, 인프라 구축 등에 끼치는 영향을 반영한다.

**❷ 경제적(Economic) 요소**

경제성장률, 금리, 환율, 인플레이션 정도 등을 말한다. 이러한 요소는 기업이 의사 결정을 내리는 데 많은 영향을 끼친다. 예를 들어, 금리의 경우 은행 이자 등 기업의 자금 운용에 영향을 끼치기 때문에 어느 정도 기업이 성장하고 확대될지를 가늠하게 된다. 환율 또한 외국과의 자금 거래, 수출입 및 수입 가격에 적지 않은 영향을 끼치는 요소이다. 특히 항공 산업의 경우 항공기 구매 등의 사유로 거액의 외화 부채를 안거나 항공유에 대한 비용 부담이 많은 관계로 환율, 금리, 유가의 변동에 큰 영향을 받는다.

**❸ 사회적(Social) 요소**

문화적 요소와 보건 인지도, 인구 성장률, 연령대 분포, 직업 태도, 안전 관련 요소 등이 포함된다. 사회적 요소에 따라서 기업의 경영 방식과 상품 내용 등이 영향을 받을 수 있다. 예를 들어, 인구의 연령대별 분포에 있어 고령 인구가 늘어난다면 노동력은 줄어들고 노동 투입 비용은 늘어날 것이다. 또한 기업들은 다양한 경영 전략을 세워서 중장년층 채용과 같은 사회적 요구를 반영하여야 한다. 최근의 코로나19 사태에서 보듯이 인간의 건강을 위협하는 팬데믹(pandemic) 전염병의 창궐과 같은 사례는 산업의 근간을 붕괴시킬 수 있는 요소가 될 수 있다.

**❹ 기술적(Technological) 요소**

기술적 요소는 기술 투자와 품질, 비용 및 혁신에 영향을 끼치는 요소이며 자동화, 기술 관련 인센티브, R&D 활동, 기술 혁신 등과 관계를 갖는다. 기술적 우위는 기업에 차별화 및 진입 장벽을 형성케 하여 시장에서 경쟁력을 유지할 수 있도록 한다.

## (2) SWOT 분석

SWOT 분석은 상황 분석 또는 환경 분석을 통하여 기업의 전략적 위치를 파악하고 대안

을 찾아내는 하나의 기법이다. 이때 사용되는 4요소를 강점·약점·기회·위협(SWOT)이라고 하며 마케터는 기업의 내부 분석을 통해 강점(strength)과 약점(weakness)을 발견하고, 외부 환경을 분석해 기회 요인(opportunity)과 위협 요인(threat)을 식별하여 이를 토대로 강점은 살리고 약점은 보완하며, 기회는 확대하고 위협은 축소하는 마케팅 전략을 수립한다.

기업 내부의 강점과 약점, 기업 외부의 기회와 위협을 분석하여 기업의 목표를 달성하려는 SWOT 분석에 의한 마케팅은 다음의 네 가지 전략으로 활용될 수 있다.

① SO(강점-기회) 전략은 시장의 기회를 활용하기 위해 강점을 사용하는 전략을 선택하는 것이고 ② ST(강점-위협) 전략은 시장의 위협을 회피하기 위해 강점을 사용하는 전략을 말한다. ③ WO(약점-기회) 전략은 약점을 극복함으로써 시장의 기회를 활용하는 것이고 ④ WT(약점-위협) 전략은 시장의 위협을 회피하고 약점을 최소화하는 전략이다.

● [표 6-1] SWOT 분석을 활용한 마케팅 전략

| 구 분 | 기 회(O) | 위 협(T) |
|---|---|---|
| 강점(S) | 내부 역량의 강점과 외부의 기회 요인을 최대화한다.(SO) | 내부 강점을 극대화하고 외부 위협을 최소화한다.(ST) |
| 약점(W) | 외부 환경의 기회를 이용하여 내부 약점을 최소화한다.(WO) | 내부 약점과 외부 환경 위협을 최소화하는 방어적 전략을 구사한다.(WT) |

## 2. 경쟁자(Competitor) 분석

개인이나 어떤 단체가 생산과 시장을 지배하여 이익을 독차지하는 것을 독점(Monopoly)이라 하며 정부는 공정거래법에 의하여 기업의 시장 지배적 지위의 남용과 과도한 경제력의 집중을 방지하고 부당한 공동 행위 및 불공정 거래 행위를 규제하고 있다. 따라서 시장에는 기업 간 경쟁이 형성되며 기업은 목표 달성을 위하여 이러한 경쟁 상황에 효과적으로 대처할 필요가 있다. 경쟁자는 그 유형에 따라 기존 경쟁자, 잠재 경쟁자, 대체 경쟁자로 나눌 수 있다. 기존 산업 내에서 경쟁하고 있는 기업을 기존 경쟁자, 시장에 새롭게 진입하려는 기업을 잠재 경쟁자, 국내 항공과 고속철도의 관계처럼 상호 대체재 관계를 가지는 기업을 대체 경쟁자라 한다.

## (1) Michael Porter의 Five Forces Model

파이브 포스 모델(Five Forces Model)은 1979년 미국 하버드대 경영대학 교수 마이클 포터(Michael Porter)가 제시한 산업 구조 분석 기법이다. 기업을 둘러싼 다섯 개의 경쟁 세력을 나타낸 모형이며 이러한 경쟁 세력의 위협 정도에 따라 기업의 산업 내 경쟁력이 달라진다. 그 다섯개 세력은 다음과 같다.

① 기존 산업 내 경쟁자 ② 잠재적 시장 진입자의 위협 ③ 대체재의 위협 ④ 구매자의 협상력 ⑤ 공급자의 협상력

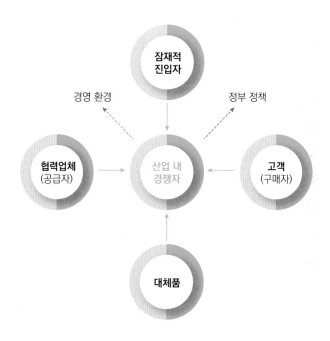

[그림 6-1] Michael Porter의 경쟁5요인 분석(Five Forces Model)

다음은 기업을 둘러싼 다섯 개의 경쟁 세력을 국내 항공운송 산업을 예로 들어 살펴보겠다.

❶ 기존 산업 내 경쟁 정도: 동일한 산업 내에서 기존 기업들 간의 경쟁이 얼마나 치열한가를 보는 것으로 국내 항공업계는 대형 항공사들 간 경쟁뿐 아니라 저비용 항공사

의 노선 확대, 외국 항공사의 공세 등으로 경쟁 정도는 매우 치열한 상황이라고 할 수 있다.

② 잠재적 시장 진입자의 위협: 해당 산업에 새롭게 진입하는 신규 시장 진입자들이 얼마나 있을 수 있는지를 파악하는 것이다. 항공운송 산업의 경우 신규로 진입하기 위해서는 대규모의 자본이 필요하고 또 각종 규제로 인하여 진입 장벽이 높기 때문에 잠재적 시장 진입자의 위협은 상대적으로 낮다고 볼 수 있다.

③ 대체재의 위협: 해당 상품이나 서비스를 대체할 수 있는 대체재의 위협이 있는지를 보는 것이다. 항공운송의 경우 대체 상품은 선박이나 내륙의 철도가 해당되나 빠른 수송을 원하는 고객에게 선박은 대체재로서 역할을 할 수 없다. 그러나 국내선에서 고속 철도는 실제적으로 항공 수요를 많이 빼앗아 가고 있는 상황이다.

④ 구매자의 협상력: 상품 공급자와 수요자(구매자) 간 협상력(Bargaining Power)이 어느 쪽이 강한가를 판단하는 것으로 항공운송 시장에 있어서 성수기인 경우는 항공 좌석의 부족 현상으로 공급자의 협상력이 우위에 있으며 비수기에는 항공 좌석 잉여 상태로 수요자가 협상력에서 우위를 갖게 된다. 공급자가 협상력의 우위를 갖게 되는 성수기에는 항공권 가격이 상승하고 수요자가 협상력의 우위를 갖게 되는 비수기에는 항공권 가격이 하락하는 경향을 볼 수 있다.

⑤ 공급자의 협상력: 원자재나 부품을 공급하는 공급자의 협상력 정도를 보는 것이다. 항공산업의 경우 전 세계적으로 민간 항공기 제작 사업은 대부분 보잉사와 에어버스사가 양분하여 공급하고 있는 상황이어서 공급자의 협상력이 우위에 있다고 볼 수 있다.

마이클포터의 파이프 포스 모델은 기업에 위협이 되는 요인을 분석하여 이에 맞는 경영 전략을 수립하는 데 참고가 될 수 있지만, 실제적이고 구체적인 경영 전략을 제시하지 못한다는 점에서 한계를 가지고 있다.

## 3. 고객(Customer) 분석

고객은 기업이 통제할 수 있는 요소가 아니다. 기업은 소비자의 마음에 드는 서비스를 제공하기 위하여 고객의 행동과 욕구를 분석하여 그에 맞는 마케팅을 하여야 한다. 항공운송사

업에 있어서의 고객은 항공 여행을 통하여 일정 지점을 출발하여 원하는 목적지에 도착하는 것을 needs로 한다는 점에서는 같다고 할 수 있으나 여행의 목적, 항공사 선호도, 서비스에 대한 욕구, 가격에 대한 민감도 등에 있어서는 많은 차이를 보이고 있다. 따라서 항공운송 사업을 하는 기업 입장에서는 다양한 고객의 needs를 분석하고 세분화하여 자사의 목표와 역량에 맞는 고객층을 선택하고 보유 자원과 기술력을 적합하게 투여함으로써 최대의 성과를 거두어야 할 것이다.

# 제2절   시장 세분화

## 1. 시장 세분화의 개념

마케팅 프로세스의 첫 번째 과정, 3C Analysis는 자사(Company), 경쟁자(Competitor), 고객(Customer) 분석을 말하며, 기업은 자사가 보유하고 있는 자원과 역량을 가장 효과적으로 사용하기 위하여 시장(고객)을 세분화하여 자사의 목표와 능력에 맞는 고객층을 선택하여 마케팅 대상으로 한다.

시장 세분화(market segmentation)는 기업이 하나의 시장을 서로 다른 둘 또는 그 이상의 하위 집단으로 분할하는 것을 말한다. 시장 세분화의 개념은 Robinson(1948)에 의해 최초로 이론화되었으며, Smith(1956)에 의해 마케팅에 소개된 이후 현재까지 마케팅의 중요한 개념이 되고 있다. 기업의 마케팅 전략의 기본 단계인 S-T-P 분석(시장 세분화 → 목표 시장 선정 → 포지셔닝)은 기업의 입장이 아닌 고객의 입장에서 고객의 기대와 needs를 이해한다는 측면에서 그 의미가 더 중요해지고 있다. 시장 세분화(market segmentation)는 전체 시장을 유사한 상품 욕구를 가지고 동질의 마케팅 믹스를 요구하는, 가치가 있고 식별 가능한 소단위로 분류하는 것을 의미하고, 시장 표적화(market targeting)는 세분 시장 중에서 진출할 하나 또는 그 이상의 세분 시장을 자사의 능력과 경쟁 상황을 고려하여 선정하는 것을 말한다. 그리고 시장 위치화(market positioning)는 표적 시장에 맞는 제품의 특징과 이점을 개발하고 고객의 마음속에 차별적 위치

를 점유할 수 있도록 커뮤니케이션하는 것이다.

항공운송 시장은 일반적으로 여행의 목적에 따라 상용(business), 관광(leisure), 방문, 유학, 이민 등으로 분류하며 소비자의 연령, 소득 수준, 직업, 성별 등에 따라 항공사 및 서비스 등급의 선택에 있어 다른 특성을 보이고 있다. 따라서 각 항공사는 자사의 능력과 경쟁 상황을 고려하여 시장을 세분화한 후 목표 시장에 대해 효과적으로 자원과 기술을 투자하는 마케팅 전략을 구사함으로서 성과를 최대화하여야 한다.

## 2. 시장 세분화의 기준

경제 발달에 따른 소득의 증가로 소비자들의 욕구나 구매 행동은 매우 다양해졌으며 또한 인구의 증가로 소비자들의 수가 너무 많고 지역적으로도 넓게 분포되어 하나의 기업이 모든 소비자들이 만족할 수 있는 제품이나 서비스를 제공한다는 것은 불가능한 일이 되었다. 같은 제품을 구매하는 상황에서도 소비자들은 자신의 선호, 개인의 소득 수준, 구매 상황 등에 따라서 서로 다른 욕구와 태도를 보이고 있어 기업들은 전체 시장을 다 공략하기보다는 다양한 변수를 이용하여 자사가 가장 성공적으로 공략할 수 있는 세분 시장을 선택하는 방식을 택하게 되었다.

시장 세분화 작업은 기업에 비용을 발생시키며 또 지속적으로 모든 제품에 동일하게 적용되는 세분화 기준은 존재하지 않아 세분 시장 기준을 선택하는 데는 어려움이 따른다. 따라서 기업들은 효과적인 세분화를 위해서 다양한 변수를 기준으로 세분화를 실시하고 기업의 경영 전략에 맞추어 여러 종류의 변수를 다차원적으로 활용하여 기업에 편익을 줄 수 있는 세분화 변수를 채택하게 된다. 학계나 업계에서 일반적으로 받아들여지는 시장 세분화 변수들은 인구 통계 변수(Demographic variables), 지리적 변수(Geographic Variables), 사이코그래픽 변수(psychographic variables), 행위적 변수(behavioral variables) 등으로 구분할 수 있다.

시장 세분화 변수는 시장 세분화 목적을 달성하기 위한 변수이다. 항공운송 시장에 있어서 시장 세분화의 목적이 목표 시장에 대한 효과적인 항공 마케팅 계획을 세우기 위한 것이라면 시장 세분화 변수는 소비자들의 항공운송 이용 특성과 밀접한 변수가 되어야 한다. 소득 수준에 따른 서비스 선호도, 여행 목적별 항공 여행 패턴, 나이, 성별에 따른 가격 민감도 차이 등이 시장 세분화의 변수로 쓰일 수 있다.

## (1) 인구 통계적 변수(Demographic variables)

인구 통계적 변수는 소비자의 나이, 성별, 가족 구성원 수, 소득 수준, 직업, 교육, 가정생활 주기, 종교, 인종, 국적, 세대 등의 인구 통계학적 변수에 기초하여 시장을 다수의 집단으로 분할하는 것이다. 인구 통계적 변수가 시장 세분화 과정에서 가장 널리 사용되는 이유는 소비자의 상품 및 서비스에 대한 선호도나 선택 사유 등에 있어 인구 통계적 변수가 가장 높은 연관성을 갖기 때문이며, 인구 통계적 변수들이 다른 변수들보다 측정하기 용이하고 마케팅 의사 결정을 용이하게 해주기 때문이다. 즉, 시장 세분화 이후 표적 시장을 선정하고 그 표적 시장의 구체적인 특성을 확인하는 데는 인구 통계적 변수가 유용하게 사용될 수 있다.

## (2) 지리적 변수(Geographic Variables)

국가나 지역, 도시 규모, 인구 밀도 기후 등 지리적 세분화는 세분화된 각 지역마다 소비자들 간의 뚜렷한 차이를 보이는 경우에는 매우 효과적일 수 있다. 그러나 일반적으로 지역적으로 떨어져 있더라도 경제적인 수준이나 기후 환경, 생활, 문화에 차이가 많지 않을 경우는 지리적 변수만 가지고 소비자 구매 행동의 차이를 규명하기는 쉽지 않은 일이어서 다른 변수와 연계하여 시장을 구분하는 것이 좋다.

## (3) 사이코그래픽 변수(Psychographic variables)

사이코그래픽 변수는 주로 개인의 심리적 경향이나 욕구 패턴에 대한 것으로서 개성, 가치, 신념 등을 사용하여 외적 행동의 내적 배경을 파악하고 라이프스타일의 유형을 분류하는 데 활용되고 있다. 사이코그래픽 변수에 의하면 소비자들은 성격(personality), 라이프스타일(life style), 가치관(value), 태도(attitude) 등에 따라 상이한 집단으로 구분된다. 동일한 인구 통계적 집단 내에 속한 사람들은 다른 집단과 비교할 때 상이한 심리 묘사적 특성을 갖는다는 뜻이다. 라이프스타일이란 특정 개인이나 집단의 활동, 관심거리, 의견 등 사회의 구성원들이 지니는 차별적이고 특징적인 생활 양식으로 심리학에서 개인, 그룹, 계층의 차이를 표현하는 개념으로 발전하여 왔고 마케팅에 접목되어 시장 세분화의 기준으로서 마케팅 관리에 많은 도움을 주고 있다.

### (4) 행위적 변수(Behavioral Variables)

지금까지 소개한 변수들이 주로 소비자의 특성에 따라 시장을 나누는 세분화 변수라면 상품과 관련된 소비자 행동과 연관이 있는 변수들로도 시장을 세분화할 수 있다. 최근에는 소비자의 특성에 따라 세분화가 가능한 상품들을 제외하고는 먼저 행동적 변수를 기준 변수로 하여 시장을 세분화한 다음 소비자들의 프로파일을 나타내는 변수로 소비자들의 특성 변수를 사용하는 것이 일반적이다. 소비자를 세분화할 수 있는 행동적 세분화 변수로는 상품에 대한 지식, 태도, 사용 상황, 제품에 대한 반응 등이 있다.

## 3. 시장 세분화의 목적

시장 세분화의 목적은 시장 상황을 정확히 파악한 후에 기업의 목표과 역량에 맞는 정확한 표적 시장을 선정하고 마케팅 자원을 효과적으로 배분함으로서 이익을 극대화하는 데 있다.

**① 정확한 시장 상황 파악**

소비자 욕구, 구매 동기 등으로 정확한 시장 상황을 파악하고 변화하는 시장 수요에 적극적인 대응을 하는 데 목적이 있다.

**② 기업의 경쟁 좌표 설정**

기업의 강점과 약점을 확인하고 기회와 위협 요인을 분석한 후 기업의 역량에 따른 경쟁 좌표를 설정한다.

**③ 정확한 표적 시장 설정**

세분 시장의 매력도 분석에 따른 정확한 목표 시장을 설정하고 마케팅 활동의 방향을 결정한다.

**④ 마케팅 자원의 효과적 배분**

기업의 마케팅 활동에 대한 소비자의 반응을 분석하고 소비자의 반응 분석에 따라 효과적으로 마케팅 자원을 배분한다.

## 4. 세분 시장의 요건

세분 시장이 세분화 목적을 달성하기 위해서는 다음과 같은 요건을 갖추어야 한다.

- 세분 시장은 정보의 측정 및 획득이 용이해야 한다.
- 세분 시장은 명확한 구분성을 가지고 있어야 하며 차별된 반응을 보여야 한다.
- 세분 시장은 일관성과 지속성이 있어야 한다.
- 세분 시장은 수익성이 보장되어야 한다.
- 세분 시장은 접근이 용이하여야 하고 개별 시장의 특성에 맞는 차별적 가치를 제공할 수 있어야 한다.

## 제3절 표적 시장

## 1. 세분 시장 평가

기업이 하나의 시장을 서로 다른 둘 이상의 시장으로 세분화한 다음 각각의 세분 시장의 매력도를 분석하고, 기업의 한정된 자원을 활용하여 가장 효과적으로 공략할 수 있는 세분 시장을 표적 시장으로 선택하는 것은 기업 경영에 있어서 매우 중요한 문제이다. 표적 시장은 이익을 창출할 수 있을 정도의 충분한 현재와 미래의 시장 규모를 가지고 있어야 하며 기업의 보유 자원과 능력이 표적 시장과 일치하여야 한다.

서로 다른 세분 시장들을 평가하기 위해서 기업은 세분 시장의 전반적인 매력도를 평가하여야 하고 기업의 목표와 자원, 능력과의 일치 여부를 살펴보아야 한다. 첫째, 기업은 잠재력이 있는 세분 시장이 시장 규모, 성장성, 수익성, 경쟁도 등의 측면에서 매력적인 요소를 가지고 있는가를 분석하고 평가해야 한다. 둘째, 그 세분 시장에 대한 투자가 그 기업의 장단기 경영 목표에 의미가 있는지, 즉 자사와의 적합성이 맞는지를 고려해야 한다. 어떤 매력적 세분 시장은 자사의 장기적 목표와 조화되지 않아 무시될 수도 있고 또는 그 기업이 특정 세분 시

장에서 월등한 가치를 창출하는 데 있어 절대적 역량이 부족하다면 그 세분 시장은 제외되어야 한다. 항공업계에서 대형 항공사와 저비용 항공사는 제공하는 서비스의 내용에 있어 차이가 있으며 목표로 하고 있는 고객층도 다르다. 저비용 항공사의 경우 상위 클래스의 고급 수요가 매력적인 시장임에도 불구하고 기업의 보유 자원 및 능력과 일치하지 않아 제외하게 된다

## 2. 표적 시장 선택

각 세분 시장들에 대한 평가가 수행된 뒤 기업은 어떤 시장을 공략해야 하는가를 결정해야 한다. 기업이 표적 시장을 선택할 때의 마케팅 전략은 세부 시장별 차이를 무시하고 전체 시장을 하나로 보는 비차별화 마케팅 전략, 복수 세분 시장을 선택해 각 세분 시장별로 마케팅 전략을 수행하는 차별화 마케팅 전략, 단일 세분 시장을 선택하는 집중 마케팅 전략, 이렇게 세 가지가 있다.

### (1) 비차별화 마케팅(Undifferentiated Marketing) 전략

비차별화 마케팅 전략은 생필품 시장에서 흔히 볼 수 있는 마케팅 전략으로서 소비자들 간의 차이보다는 공통점에 초점을 두고 하나의 제품으로 전체 시장을 공략하는 전략이다. 따라서 기업은 대량 유통과 대량 광고 방식을 채택하고 하나의 상품과 하나의 마케팅 프로그램으로 시장을 공략한다. 비차별화 마케팅 전략은 단순한 제조 및 재고 관리, 유통 등으로 비용절감의 효과를 얻을 수 있고 마케팅 비용과 제품 관리 비용도 절약할 수 있다. 비차별 전략이 대단히 성공적일 수도 있지만 대부분 현대 마케팅에서는 소비자 니즈의 다양화로 비차별적 전략이 효과적인 경우는 매우 제한적이다.

### (2) 차별화 마케팅(Differentiated Marketing) 전략

차별화 마케팅 전략은 여러 개의 표적 시장을 선정하고 각각의 표적 시장에 적합한 마케팅 전략을 구사한다. 차별화 마케팅은 일반적으로 비차별화 마케팅보다 높은 매출과 이익을 올리는 것이 가능하나 각각의 세분 시장에 적합한 마케팅 전략을 구사하기 위해 조사와 개발, 세분 시장에 따른 차별적 광고 등으로 많은 비용이 들게 되어 비용의 증가를 가져온다. 따

라서 증가된 비용만큼의 예상 수익을 올릴 수 있는지를 먼저 고려하여야 한다. 국내 대형 항공사의 경우 장거리 고급 비지니스 노선뿐 아니라 저가의 관광 노선도 운항하는 등 각기 다른 특성을 지닌 노선과 서비스 클래스를 운영하고 있다. 따라서 각각의 세분 시장에 대한 차별화된 마케팅 전략을 구사하고 있으며 그만큼 비용의 증가를 가져온다고 할 수 있다.

[그림 6-2] 표적 시장 선택 방법에 따른 마케팅 전략 구분

### (3) 집중 마케팅(Concentrated Marketing) 전략

집중 마케팅 전략은 기업의 자원이 한정되어 있을 경우에 효과를 높일 수 있는 방법으로 특정한 시장에서 자사의 전문 지식과 장점을 활용해 소비자에게 집중적으로 마케팅 전략을 구사함으로서 효과를 본다. 그리고 특화된 생산, 유통, 촉진을 통하여 운영의 경제성을 얻을 수도 있다. 저비용 항공사의 경우 단일 기종, 단거리 노선 등 제한된 자원을 가지고 저가 지향 수요에 집중적으로 마케팅을 함으로서 효과를 보는 집중 마케팅 전략을 구사한다고 볼 수 있다. 그러나 집중 마케팅 전략을 구사하는 기업들은 적은 규모의 시장을 공략하기 때문에 시장에서 소비자의 기호 변화가 생길 경우나 보다 큰 경쟁자가 동일한 시장에 진입할 경우 위험에 직면하게 된다. 따라서 일반적으로 기업들은 하나의 시장을 선택하여 집중적 마케팅 전략을 구사하기보다는 복수의 세분 시장에 접근하는 것을 보다 선호한다.

## 제4절  포지셔닝(Positioning)

### 1. 포지셔닝의 개념

포지셔닝이란 표적 시장에서 경쟁 상품과 효과적으로 경쟁하기 위하여 마케팅 믹스를 통해 소비자로 하여금 자사 브랜드를 경쟁사의 것과 다르게 인식하도록 만드는 것이다. 즉, 시장에서 특정 기업의 상품과 이미지가 표적 고객들의 마음속에 차별적으로 인지될 수 있도록 하는 것이다. 시장에서 경쟁 제품이 존재하는 상황에서 마케팅 전략을 구사하고자 할 때 자사 제품이 경쟁 제품과는 다른 차별적인 특징을 보유하여 소비자들의 욕구를 보다 잘 충족시킬 수 있다는 것을 소비자들에게 인식시키는 노력이 필요하다.

포지셔닝 전략을 수립할 때 고객들이 품질을 평가하는 기준들의 상대적 중요도를 찾아 시장 내 위치를 정해야 된다. 경쟁 우위는 어떤 제품 혹은 브랜드가 다른 제품 혹은 브랜드에 대해서 소비자들에게 더 많은 가치를 제공해 줄 수 있을 때 달성되며 경쟁 우위를 달성하는 중요한 수단으로서 표적 시장에서 소비자들의 마음속에 강력한 위치를 차지하기 위한 포지셔닝 전략이 매우 중요하다.

### 2. 포지셔닝 전략의 수립 과정

포지셔닝 전략을 수립하기 위해서는 소비자들의 니즈와 브랜드에 대한 소비자의 인식, 자사의 마케팅 자원, 자사의 이미지 등 전반적인 사항을 고려해야 한다. 제품을 포지셔닝하려면 다른 경쟁 제품과의 차별점을 표적 시장의 소비자에게 확고하게 인식시킬 수 있는 마케팅 믹스가 필요하다.

포지셔닝은 기존 제품이나 서비스에 대한 고객의 시각을 파악하여 자사의 제품이나 서비스가 가장 차별화될 수 있는 위치를 찾는 것이 중요하다. 자사 제품의 이미지를 얼마나 정확하고 강력하게 고객에게 심어주고 소비자가 이를 인지해주느냐에 포지셔닝의 성공 여부가 달려 있다.

### (1) 소비자 분석

소비자의 인구 통계적 특성과 구매 행동, 라이프스타일 등에 대한 분석을 통해 소비자들이 얻고자 하는 것이 무엇인지, 그리고 기존 제품들에 대해서는 어떤 불만을 가지고 있는지 등 소비자 요구와 기존 제품에 대한 불만 원인을 파악하는 과정으로 소비자 혹은 구매자에 대한 보다 정밀한 분석이 필요하다.

### (2) 경쟁자 분석

경쟁자의 시장 위치와 마케팅 소구점을 정확하게 분석하는 것으로 표적 시장을 어떻게 설정하느냐에 따라 경쟁자가 달라질 수 있으므로 현재의 경쟁사뿐만 아니라 잠재적 경쟁사까지도 분석하여 해당 세분 시장이 지닌 매력도를 평가해야 한다. 이때 포지셔닝 맵을 작성해보면 경쟁 제품의 속성과 소비자의 지각 상태를 파악하는 데 매우 유용하다.

- 포지셔닝 맵(Positioning Map) : 서로 관련이 있는 상표들이 시장 내에서 차지하는 위치를 나타낸 그림이다. 소비자들에게 여러 상표의 유사점과 차이점을 질문하여 자료를 수집하고, 다차원 척도법에 근거하여 작성한다.

### (3) 자사 포지션 결정

시장 규모와 시장 성장률, 세분 시장과 자사와의 적합성 분석 등을 통해 세분 시장별 매력도를 평가하고 자사와 가장 적합한 시장을 찾아 이 시장에 자사 제품의 포지션을 개발하는 과정이다. 경쟁 제품에 비하여 소비자의 욕구를 더 잘 충족시킬 수 있는 방향으로 자사 제품의 적합한 포지션을 결정한다.

### (4) 포지션 확인 및 재포지셔닝

포지셔닝 전략을 실행한 후에는 전문적인 조사 방법에 의한 구체적 시장 분석을 하여 자사 제품이 당초 목표한 위치에 포지셔닝이 되었는지 확인하여야 한다. 또한 초기에 성공적으로 포지셔닝을 하였다 하더라도 시간의 경과에 따라 경쟁 환경과 소비자 욕구가 변화하였을 경우에는 목표 포지션을 재설정(재포지셔닝)하는 작업을 해야 한다.

**Quiz**

❶ 기업을 둘러싼 경영 환경 분석의 3C Analysis 중 괄호 안에 해당하는 것은 무엇인지 답하시오.

① Company   ② Competitor   ③ (                    )

❷ 다음 내용은 무엇을 설명하는 것인지 답하시오.

"기업 내부의 강점(Strength)과 약점(Weakness), 기업 외부의 기회(Opportunity)와 위협(Threat) 요인을 분석하여 이를 토대로 기업의 마케팅 전략을 수립하려는 분석 방법"

정답 _____

❸ 시장 세분화(Market Segmentation)의 의미를 설명하시오.

Memo

Chapter 7

# 마케팅 믹스(7P's) 전략

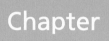

Chapter

7

## 제1절   전통적 마케팅 믹스(4P)

마케팅 믹스는 기업이 표적 시장에서 마케팅 목표를 달성하기 위하여 사용하는 마케팅 도구들의 모임이다. 전통적 마케팅 믹스는 고객과 의사소통을 하거나 고객을 만족시키기 위해 기업이 관리하는 주요 요소를 말하며 상품(product), 가격(price), 유통(place), 촉진(promotion) 등 마케팅 4P로 구성되어 있다. 4P는 마케팅 계획에 있어서 핵심적인 결정 변수이며 요소들 간의 상호 의존성도 매우 높다. 기본적인 마케팅 믹스는 주어진 시점에서 주어진 세분 시장 내에 최적의 믹스가 존재한다고 가정한다. 항공사들은 치열한 경쟁 상황하에서 통제 가능한 변수인 4P를 효과적으로 활용함으로서 경쟁력을 가질 수 있으며 항공사에 있어서 최적화된 4P 전략은 성공적인 마케팅을 위해 필수적이라고 할 수 있다.

## 1. 상품(Product)

일반적으로 상품은 소비자가 욕구를 충족시키기 위해서 구매하는 유형의 제품(tangible goods)과 무형의 서비스(intangible service)를 모두 합친 개념으로 시장에서 교환되는 유무형의 재화를 말한다. 상품이란 기본적인 욕구 또는 이차적인 욕구를 충족시켜 줄 수 있는 것으로, 시장에서 출시되어 관심이나 취득, 사용 또는 소비의 대상이 될 수 있다. 전통적으로 항공운송 상품의 개념은 왕복 여정의 운송 서비스를 기본 상품으로 하고 그 외 항공 여행에 필요한 제반 서비스를 포괄적으로 포함하고 있다. 대형 항공사는 항공 여행에 필요한 서비스를 포괄적으로 묶어 고객에게 제공하고 적절한 수익경영 모형을 통해 가격 차별화를 실시하여 수익 극대화를 실현하고 있다. 그러나 고객 입장에서 불필요하거나 원하지 않는 서비스에 대해 구매하지 않을 수 있는 권리가 제기되고 항공 시장의 경쟁 확대, 고객의 여행 욕구 다양화 등에 따라 기존 항공사의 비즈니스 모형에 대한 변화의 필요성이 제기되었다. 저비용 항공사는 기존 항공사가 제공하던 서비스 중 고객이 불필요할 것으로 생각되는 서비스 또는 크게 불편을 느끼지 않는 서비스를 과감히 배제하고 기본 서비스(no-frill)만을 제공함으로써 비용 절감을 실현하고 상대적으로 운임을 낮추어 시장을 확대할 수 있는 기회를 마련하였다.

상품은 세 가지 수준으로 나누어 생각해 볼 수 있는데 첫 번째는 가장 기본적 수준인 핵심 상품(core product)으로서 소비자가 실제로 구매하는 것을 말한다. 소비자는 상품이 주는 혜택이나 효용을 소비하기 위하여 상품의 구매로부터 얻을 수 있는 혜택을 토대로 특정 상품을 선택한다.

핵심 상품은 소비자들이 구매했을 때 실질적으로 획득한 문제 해결적 서비스나 핵심 효익으로 구성되어 있다. 두 번째 수준이 유형 상품(tangible product)이다. 유형 상품은 고객이 상품으로부터 추구하는 핵심적인 혜택이 구체적인 물리적 요소들로 전환된 실제 제품으로서 눈으로 확인할 수 있는 가치이다. 마지막으로, 핵심 상품과 유형 상품에 추가적으로 구축된 서비스 및 효익이 확장된 상품(augmented product)이다. 이는 실제 상품이 경쟁 상품과 구별되도록 부가적인 가치를 개발하고 추가적인 편익 결합을 통하여 경쟁자보다 차별화된 상품을 제공하는 것이다.

### (1) 브랜드의 정의와 특성

브랜드는 판매자가 자신의 상품 혹은 서비스를 다른 경쟁자의 것들과 구별하기 위해 사용하는 명칭, 용어, 상징, 디자인 혹은 그 결합체이다.(AMA) 브랜딩이란 브랜드와 관련된 기업의 모든 마케팅 활동을 총칭하는 것이고 브랜드 자산(Brand Equity)은 고객의 마음속에 브랜드 정체성(Brand Identity)이 확립되어 자산으로 인정되는 가치이다.

브랜드는 경쟁사의 브랜드와 구별되는 독특한 이름이면서 쉽게 기억하고, 소리낼 수 있으며 알아보기 쉽도록 시각적, 청각적 효과를 고려하여야 한다. 또한 상표권, 저작권 등 법에 저촉되는 이름이어서는 안 된다.

### (2) 브랜드의 기능

**❶ 소비자 측면**

브랜드는 상품 선택에 있어서 소비자의 위험 부담과 비용을 덜어주고 쇼핑의 편의를 제공한다. 또한 브랜드는 생산자의 책임을 증명함으로써 소비자에게 신뢰감을 주고 소비자 자신의 의사를 간접적으로 표출할 수 있도록 한다.

**② 기업 측면**

상품을 법적으로 보호하고 해당 기업 전체의 이미지를 평가하는 잣대가 될 수 있다. 또한 브랜드를 활용하여 신상품을 효과적으로 출시할 수 있으며 효과적인 브랜드 관리는 기업의 마케팅 비용을 절감시켜 준다.

### (3) 브랜드의 구성 요소

**① 브랜드 네임(Brand Name)**

고객과의 커뮤니케이션에서 가장 중요한 브랜드의 핵심 요소로서 소비자에게 브랜드 이미지를 인식시킬 수 있도록 친숙성과 차별성 그리고 독특성을 고려하여 만들어야 한다.

**② 심볼과 로고(Symbol & Logo)**

기호화된 모양이나 색 등의 시각적인 정보로서 상품의 내용을 논리적인 판단이 아닌 감성적으로 이해시키는 수단이다.

[그림 7-1] 심볼과 로고

**③ 캐릭터(Character)**

기업이나 특정한 상품의 특징을 강조할 목적으로 브랜드를 의인화하거나 형상화한 것으로 개성을 표출하거나 친근감을 조성하기 위한 효과적인 수단이다.

[그림 7-2] 캐릭터

④ 슬로건(Slogan)

기업의 구체적 시장 전략에 사용되는 두 단어 이상의 문장으로서 구체적이고, 적절하고, 기억하기 쉬운 문장을 선택하여 전달해야 한다.

🏆 슬로건

- 대한항공: "Excellence in Flight"
- 아시아나: "아름다운 사람들"
- Apple: "Think Different"
- Dupont: "Better things for better living"
- SK: " 사람을 향합니다", "행복주식회사"
- 삼성전자: "Everyone is invited" Imagine
- 현대자동차: "Drive your way"
- 기아자동차: "The power to surprize"
- 나이키 : "Just Do It"

## 2. 가격(Price)

### (1) 가격의 정의

가격이란 소비자에게 상품의 가치를 금액으로 표시한 것으로, 넓게 보아서는 상품의 외형적 효용에 대한 단순한 인식에 그치는 것이 아니라 그 상품을 구입하기 위해 사용한 시간과 노력, 그 상품을 소유함에 따른 편의성 등이 포함된 것이라 할 수 있다. 가격은 다른 마케

팅 변수보다 직접적<sup>(direct)</sup>, 즉각적<sup>(instant)</sup> 이고 강력한<sup>(powerful)</sup> 임팩트를 소비자에게 주고 소비자들의 마인드 속의 제품 위치를 결정하는 데 중요한 역할을 한다.

## (2) 가격 결정 방식

### ❶ 원가 기반 가격 결정(cost-based pricing)

원가 기반 가격 결정이란 기업이 생산에 투입된 직접 비용과 간접 비용을 더하여 총비용을 결정하고 여기에 목표 이익을 추가하여 가격을 결정하는 것을 말한다. 기업은 규모의 경제<sup>(Economies of scale)</sup> 실현이나 기술 혁신을 통하여 원가 우위를 가질 수 있다.

### ❷ 경쟁 기반 가격 결정(competition-based pricing)

경쟁 기반 가격 결정은 기업이 자체적으로 계산한 원가나 예상 이익에 근거하여 가격을 결정하기보다는 주로 경쟁사의 가격과 비교하여 자신의 가격을 결정하는 방식이다. 시장에서 가격 경쟁이 심화될 경우 고객 확보를 위하여 원가 이하로 판매하는 경우도 발생하는 등 기업 간 치킨 게임의 양상을 보일 수도 있다.

> 치킨 게임(chicken game): 어떤 문제를 둘러싸고 대립하는 상태에서 서로 양보하지 않고 극한으로 치닫는 상황으로 경쟁 상대방이 무너질 때까지 출혈 경쟁을 하는 것

### ❸ 고객 가치 기반 가격 결정(customer value-based pricing)

고객의 지각된 가치에 의한 가격 결정<sup>(perceived-value pricing)</sup>은 소비자의 가치에 대한 인식을 기준으로 가격 결정을 하는 것으로서 생산자의 비용이 아니라 구매자의 가치에 대한 인식을 사용하고 있다. 구매자 중심 가격 결정 과정에서는 가치 이외도 위험<sup>(risk)</sup>, 관여도<sup>(involvement)</sup>, 혹은 참여 수준<sup>(level ofparticipation)</sup> 등이 중요한 요인으로 작용하고 있다.

### ♟ 가격의 생존 부등식

- 가격의 생존 부등식 : $V^{(Value)} > P^{(Price)} > C^{(Cost)}$

상품의 가격<sup>(Price)</sup>은 그 상품을 만드는 데 투입된 원가<sup>(Cost)</sup>보다 높아야 하고 그 상품의 가치<sup>(Value)</sup>는 상품의 가격보다는 높아야 그 기업이 이익을 창출하고 소비자로부터 외면을 받

지 않아 지속 성장을 할 수 있게 된다.

## (3) 항공 운임

항공사의 운임은 그 종류 및 수준에 따라 여행객의 여행 조건과 서비스의 등급을 결정하고 항공사의 운임 구조는 항공사 수익 규모에도 결정적인 역할을 한다. 항공운송 상품은 예약을 기반으로 하여 예정된 시점에 상품이 제공되는 경우로 상품 제공 시점에서 남겨진 여유 용량의 가치는 없게 되므로(소멸성,perishability), 상품 제공 시점의 매출이 최대가 되도록 의사결정을 실시한다. 전통적인 수익 경영 적용 분야로서 호텔, 항공, 철도, 해운, 여행 산업 등이 주 대상이 된다.

### 1) 공시 운임과 판매가

**❶ 공시 운임(published fare)**

각국의 항공사가 1차로 각 구간별 운임을 제안한 후, IATA(International Air Transport Association, 국제항공운송협회) 운임조정회의의 만장일치 결의를 통하여 기본 항공 운임과 운임 규정이 결정됨

**❷ 판매가(selling price)**

개별 항공사가 판매 촉진을 위하여 필요할 경우 공시 운임(published fare)에서 할인된 시장 가격(selling price)을 각 항공사 임의로 신설하고 운영하는 가격

### 2) 항공 운임의 종류

**❶ 정상 운임(Normal Fare)**

예약 및 여정 변경, 항공사 변경 등에 제한이 거의 없는 운임으로 P, F, J, C, Y 등의 Fare Basis를 가지고 있다. 유효 기간은 여행 개시일로부터 1년이며 전체 미사용 항공권일 경우에는 발행일로부터 1년이다.

**❷ 할인 운임(Discounted Fare)**

정상 운임이나 판촉 운임에서 승객의 나이나 신분에 따라 할인이 적용되는 운임으로 최근 항공사들은 할인 운임의 제공을 축소하는 경향이 있다.

**❸ 판촉 운임(Promotional Fare)**

승객의 다양한 여행 형태에 부합하여 개발된 운임으로 운임이 저렴한 반면 유효 기간, 도중체류, 예약 변경 등에 제한 조건이 있다. 판촉 운임의 제한 조건을 준수할 경우 승객은 저렴한 운임의 혜택을 받을 수 있으며 항공사는 경쟁력 있는 저렴한 운임을 승객에게 제공할 뿐 아니라 더 많은 항공 수요를 유치할 수 있다.

## 3. 유통(Place)

### (1) 유통의 개념

상품이 생산되어 소비되는 과정에 관련된 생산자, 도매상, 소매상 및 소비자까지 포함한 일련의 활동을 말하며 현대의 경제 사회는 상품 및 서비스가 판매자로부터 소비자에게 이동되는 현상에 의해서 생활이 영위된다. 유통은 생산자와 소비자 사이의 장소적 분리(간격)를 메워주는 마케팅 활동이며 유통의 형태는 유통업자의 개입 여부에 따라 직접 유통과 간접 유통으로 구분된다.

### (2) 유통 경로의 유형

**❶ 직영 채널**

중간상을 포함하지 않고 기업이 직접 채널 접촉점을 관리하는 것을 말한다. 장점으로는 모든 지점에 대해 완벽한 통제가 가능하고, 기업이 제공하는 서비스 설비 등에 일관성을 유지할 수 있다. 직원의 고용 및 해고, 교육 등을 직접 통제 가능하며 기업이 고객과의 관계를 직접 관리할 수 있다. 단점으로는 직접 고용 인력이 늘어 인건비가 증가하고 본사가 직영 채널의 재무적인 위험을 모두 감수해야 하는 부분과 소규모 지역 시장에서 전문성을 갖기 힘들다는 점이 있다.

**❷ 프랜차이징(franchising)**

영업에 대한 특권을 가지고 있는 프랜차이즈 본부에서 가맹점과 계약을 맺어 일정한 로열티, 보증금, 가입금을 포함한 대금을 받고 특정 지역에서 판매를 독점할 수 있는 권한을 주고

브랜드, 표준화된 상품 및 서비스, 판매 기술 마케팅 노하우 등을 전수해 주는 것이다.

● [표 7-1] 프랜차이징의 장단점

\* 프랜차이징의 장점

| 소비자 | 본 부 | 가맹점 |
|---|---|---|
| • 높은 수준의 서비스를 낮은 가격에 이용 가능<br>• 이용 장소에 관계없이 표준화되고 일관된 서비스 이용 가능 | • 재무 위험의 공유와 안정된 수익 보장<br>• 일관성 있는 이미지<br>• 지역 시장에서 밀착 경영 가능<br>• 유연한 유통망 확보<br>• 사업 확장의 용이성 | • 소자본으로 창업 가능하며 인지도 있는 브랜드 취득<br>• 표준화된 사업 형태<br>• 본부의 경영 지원(교육, 융자) |

\* 프랜차이징의 단점

| 소비자 | 본 부 | 가맹점 |
|---|---|---|
| • 본부의 횡포로 인한 불합리한 가격과 서비스<br>• 본부와 가맹점 간 책임 소재가 불명확함 | • 투자 수익률의 저하<br>• 가맹점과의 갈등<br>• 가맹점에 의해 간접적으로 접촉되는 고객 | • 본부의 지나친 통제와 엄격한 관리<br>• 가맹점 수의 증가로 시장의 잠식<br>• 높은 보증금과 가입비 |

## (3) 항공사 유통 채널

### ❶ 직접 판매 채널

자사의 국내 판매 영업 부서, 해외 지사 등 항공사의 온라인, 오프라인 영업 사무실을 통한 판매를 말하며 간접 판매 채널과 비교 시 수수료가 발행하지 않아 비용이 절감되는 장점이 있으나 영업장 유지 비용 및 직원 인건비가 발생되는 단점이 있다.

### ❷ 간접 판매 채널

타 항공사의 인터라인 판매, 여행사 등 판매 대리점, 다른 항공사나 여행사 인터넷을 이용한 on-line 판매, GDS(general distribution system)를 통한 판매를 말하며 판매 대행 수수료가 발생된다.

- GDS(general distribution system): 세이버, 갈릴레오, 아마데우스, 월드스펜과 같은 글로벌 항공 예약 시스템을 총칭하여 쓰는 말이다.

- 제로 커미션(zero commission): 최근에는 항공사가 여행사에 지불하던 판매 대행 수수료(commission)를 없애는 대신 판매액에 연동하여 지불하는 볼륨 인센티브(VI, Volume Incentive) 제도를 운영하고 있다.

## 4. 촉진(promotion)

### (1) 촉진의 개념

촉진이란 판매 활동을 보다 원활하게 하는 동시에 매출액을 증가시키기 위해 실시되는 모든 마케팅 활동을 말한다. 마케팅을 성공적으로 수행하기 위해서 기업은 종합적인 커뮤니케이션 프로그램을 구축할 필요가 있다. 이때 커뮤니케이션은 촉진 믹스(promotion mix) 요소의 결합이나 개별 요소의 형태로 나타나며 촉진 믹스에는 광고, 홍보(PR), 판매 촉진, 인적 판매 등이 포함된다.

### (2) 촉진의 수단

#### ❶ 광고(advertising)

광고는 상품 정보 제공, 설득, 회상, 구매 행동 유도 등의 역할을 한다. 따라서 광고는 정보 전달적이고 설득적이며 상기하게 만들고 행동 유발적인 특성을 지니고 있어야 한다. 광고의 결정 과정은 광고 목표 설정, 광고 예산 설정, 광고 메시지 결정, 광고 매체 선정 그리고 광고에 대한 효과를 측정하는 기준을 설정함으로써 이루어지게 된다. 성공적인 광고가 되기 위해서는 소비자의 기억에 오래 남도록 강한 임팩트를 주어야 하고 광고의 내용은 기업의 이미지와 맞아야 한다. 무수히 많은 광고가 있어 기억하기 어렵고 잘못된 광고는 오히려 역효과를 가져올 수도 있다. 또한 광고비가 비싸기 때문에 불경기에는 제일 먼저 감축하는 대상이 되기도 한다.

특히, 서비스 광고의 경우 서비스의 특성을 감안해야 한다. 즉, 서비스가 무형적일수록 그만큼 더 광고에서 구체적인 단서를 제공해야 하고 고객과 서비스 제공자 사이의 비분리성이

크면 클수록 서비스 제공 시 고객의 참여를 보여줄 필요성은 그만큼 커진다. 또한 서비스의 이질성이 커지면 커질수록 품질을 강조해야 하며 서비스가 제공되고 있는 상황의 특유성이 커질수록 서비스를 특화하는 과정을 보여줄 필요가 있다. 항공사는 TV, 라디오, 인터넷, 신문, 잡지 등 다양화 매체를 통해 고급스러운 이미지를 전달하는 광고를 주로 하고 있으며, 글로벌 노선망을 가지고 있는 항공사의 특성상 해외 매체를 통한 광고도 실시하고 있다.

#### ② 홍보(publicity)

홍보는 사람 이외의 매체(신문, 잡지, 라디오, TV 등)를 통하여 기업의 상품, 서비스, 회사 소식 등을 뉴스나 논설의 형태로 고객에게 제공함으로써 기업이나 상품의 인지도를 높이는 것이다. 지나치게 많은 광고로 인하여 광고 내용을 기억 못하는 소비자에게 홍보나 PR은 신뢰를 형성하고 기업에 긍정적 이미지를 주는 데 기여한다. 대중매체를 통해 전해지는 뉴스는 객관적이고 정확성이 높아 진정성 있게 전달되므로 소비자는 홍보를 통한 정보에 대해 적은 경계심을 갖는다. 그러나 홍보용 기사는 언론 매체에서 내용을 편집하기 때문에 기업이 원하는 방향대로 통제하기 어렵다는 단점이 있다.

> PR(public relations, 대중관계)은 '기업과 사회 간에 이상적인 관계를 정립하기 위해 기업이 벌이는 여러 가지 활동'이다.

#### ③ 판매 촉진(sales promotion)

판매 촉진이란 단기적으로 매출을 증대시키기 위하여 사용하는 모든 수단을 통칭하는 개념으로, 광고/홍보와 같은 장기적 효과를 노리는 다른 촉진 수단과 구별된다.

판매 촉진은 제품이나 서비스의 구매를 권장하기 위해서 행해지는 단기적인 인센티브인데 그 유형으로는 가격 할인, 쿠폰, 상용 고객 프로그램, 경품, 끼워팔기, 샘플링 등이 있다. 최근 저비용 항공사가 고객 선점과 관심 유도 목적으로 초저가 운임을 제한적으로 출시하는 것을 자주 볼 수 있다. 판촉이 매출을 자극하는 좋은 수단이지만 판촉에 대한 지나친 과신은 기업과 브랜드 자산에 나쁜 영향을 줄 수 있다.

### 4 인적 판매(personal selling)

인적 판매는 판매원이 고객과 직접 대면하여 자사의 상품이나 서비스를 구입하도록 권유하는 커뮤니케이션 활동을 말한다. 구매 단계에 따라 그 역할이 다른데, 인적 판매는 고객과의 양방향 커뮤니케이션 때문에 커뮤니케이션 목적을 달성하기에 좋은 방법이다. 인간관계를 통해 판매 대상 고객에게 선별적으로 접근할 수 있고 고객과의 상호 작용을 통해 고객의 요구에 유연하게 대응 가능하고 장기적 관계 구축을 할 수 있으나 유능한 판매원의 교육, 훈련 등에 많은 비용이 드는 단점이 있다. 오늘날 항공사의 경우 정보 통신 기술의 발달로 항공권의 예약 및 판매는 온라인을 이용하여 행해지는 경우가 대부분이어서 판매원을 통한 인적 판매는 사라져가고 있다.

## 제 2 절   확장된 마케팅 믹스(3P)

전통적인 마케팅 믹스가 제조업이나 서비스업에 공통적으로 적용되는 마케팅 요소(4P)를 활용하여 기업이 고객과 커뮤니케이션하는 방법이라고 한다면 확장된 마케팅 믹스(3P)는 주로 서비스 업종에서 마케터들이 고객과 의사소통하고 그들을 만족시키기 위해 추가적으로 사용하는 변수들이다. 전통적 마케팅 믹스(4P)에 물리적 증거(physical evidence), 프로세스(process), 사람(people)등 3P를 포함시켜 확장된 마케팅 믹스(7P)가 탄생하게 된 것이다. 서비스 상품은 특성상 생산과 소비

가 동시에 발생하므로 고객은 내부 고객인 종업원 및 다른 외부 고객들과 상호 작용하며 서비스 생산 과정에서 일정 역할을 담당한다. 또한 서비스 상품은 무형성을 지녔기 때문에 서비스 제공자들은 고객들이 서비스를 경험하기 전에 유형적 단서를 보여줌으로써 고객들에게 신뢰를 주고 고객의 구매 결정에 긍정적 영향을 주고자 한다.

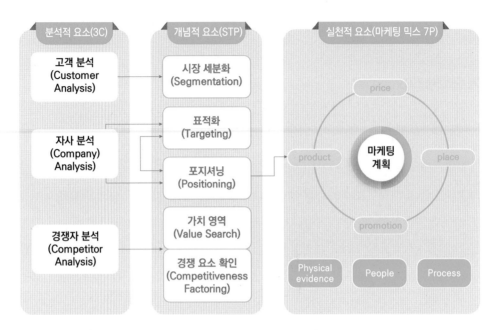

출처: STP & CBP(Competitiveness Factoring, Business Modeling, Positioning)

[그림7-3] 마케팅 전략의 체계

# 1. 물리적 증거(physical evidence)

물리적 증거(physical evidence)란 서비스 상품의 무형적 요소를 보완하고 품질에 대한 단서를 고객과 상호 작용하여 고객의 구매 의사 결정에 영향을 미치고자 하는 유형적 요소를 말한다. 물리적 증거는 품질에 대한 단서로서 고객의 기대와 평가에 영향을 줄 뿐 아니라 직원의 태도와 생산성에도 영향을 준다. 특히 서비스 상품은 무형적이기 때문에 구매 전 서비스에 대한 평가에 있어서 유형적인 단서(tangible cues)나 물리적 증거(physical evidence)에 의존하게 된다. 물리적 증거는 내외부의 환경과 기타 유형적 요소로 구성되는데 시설, 간판, 주차장 등 외부 환경과 내부 인테리어, 표지판 등 내부 환경, 기타 유형적 요소로 직원 유니폼, 광고 팸플릿, 메모지, 명함, 문구 등이 있다. 예를 들어, 항공사 승무원의 유니폼은 단순히 업무를 수행하기 위한 제복의 차원을 넘어 회사의 브랜드를 나타내는 수단으로 진화되고 있고, 병원에서 의사의 학력이나 경력이 표시되어 있는 표지판은 환자들에게 신뢰감을 주고자 하는 물리적 증거의 일환이다. 이와 같이 물리적 증거는 서비스 상품의 무형성을 극복하고 기업의

이미지를 형성하여 고객의 구매 결정에도 영향을 주고 직원의 행동에도 영향을 주게 된다.

## 2. 프로세스(process)

### (1) 서비스 프로세스의 의의

서비스 프로세스란 서비스가 전달되는 절차나 운영 시스템, 즉 서비스가 실제로 수행되는 절차나 활동의 메커니즘과 흐름 등을 말한다. 서비스는 어떤 결과물(thing)의 형태로 보이기도 하지만 일련의 과정(process)이며 흐름이다. 고객들이 제조된 상품을 구매할 때는 그 대상 상품에 대해 소유권을 갖는다. 그러나 서비스 상품의 경우 무형성, 동시성, 비분리성의 특징을 지니기 때문에 고객은 서비스 프로세스 안에서 일정한 역할을 수행하고 소유보다는 경험을 하게 된다. 고객은 경험하게 되는 서비스 전달 과정에서 서비스를 평가하게 된다. 이에 따라 서비스 상품은 서비스 제공 기업이 고객들과 어느 수준의 접촉을 할 것이냐에 따라서 그 성격이 광범위하게 달라진다.

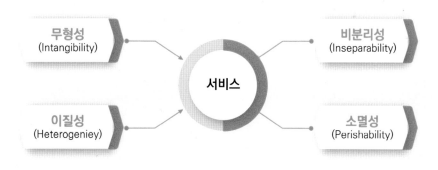

[그림 7-4] 서비스 상품의 주요 특성

### (2) 고객 참여

서비스 상품은 생산과 소비가 동시에 진행되는 특성 때문에 고객들은 서비스 과정에 참여하여 역할을 하게 되며 대부분의 경우 다른 고객들과 함께 서비스를 받거나 대기를 하는 등 서비스 환경 내에서 함께하며 서로 영향을 미친다. 서비스 기업이 고객에게 합리적인 역할

을 부여할 때 고객은 서비스 생산성을 높이는 긍정적 결과를 가져올 수 있다. 외국의 저비용 항공사의 경우 셀프 체크인, 지정 좌석 제도 폐지 등으로 직원 수를 줄이고 여행 운임을 절감할 수 있었다. 오늘날 정보 통신 기술의 발달로 인하여 고객들은 기업과 거의 같은 수준의 정보를 취득할 수 있게 되어 기업과 소비자 간의 정보 비대칭성이 점차 해소되고 있고 고객들은 자신의 소비 경험을 적극적으로 활용하여 서비스 상품의 혁신자로서의 역할을 수행하게 되었다. 따라서 기업은 바른 고객의 유치, 고객에 대한 적절한 교육, 고객에 대한 효과적인 보상을 통하여 고객 참여가 증대될 수 있는 방안을 마련하여야 한다. 최근에 인터넷과 통신 기술, 물류 시스템의 획기적 발달로 인하여 고객과 서비스 기업 간의 신체적 접촉은 전혀 일어나지 않고 요구되는 물건이 서비스 제공 장소로 운송되거나 정보 기술을 통해서 고객이 있는 곳까지 서비스 제공이 가능한 시대가 되었다.

### (3) 구매 과정 관리

#### ❶ 대기 관리

대기는 고객이 서비스를 받기 위해 준비된 시간부터 실제 서비스가 시작되기까지의 시간을 말한다. 서비스 수요자가 공급 능력을 초과할 경우 어쩔 수 없이 발생하게 되나 고객들은 대부분 이러한 대기 시간을 부정적인 경험으로 인식하기 때문에 고객들이 서비스를 받기위해 보내는 대기 시간을 효과적으로 관리하는 것은 서비스 질 향상을 위해 매우 중요한 요소가 된다.

#### ❷ 고객 접점과 MOT

진실의 순간(Moments of Truth)은 고객과 서비스 종사자가 접촉하는 순간으로 서비스 품질에 대한 판단에 가장 결정적인 영향을 미친다. 이러한 결정적 순간은 짧은 순간이지만 고객의 서비스에 대한 인상을 좌우하고 한순간에 고객을 잃어버릴 수도 있는 상황으로 전개될 수 있기 때문에 기업은 서비스의 생산 및 제공에서 결정적 순간들이 착오 없이 다루어지도록 관리하여야 한다.

#### ❸ 서비스 청사진(service blueprint)

서비스 청사진(service blueprint)은 핵심 서비스 프로세스나 서비스 시스템이 알아보기 쉬운

방식으로 묘사되어 서비스를 제공하는 데 관계되는 사람들이 그들의 역할 및 관점에 상관없이 서비스 프로세스와 관련된 단계와 흐름 등 서비스 전반을 이해할 수 있도록 해주는 그림이나 지도라고 할 수 있다.

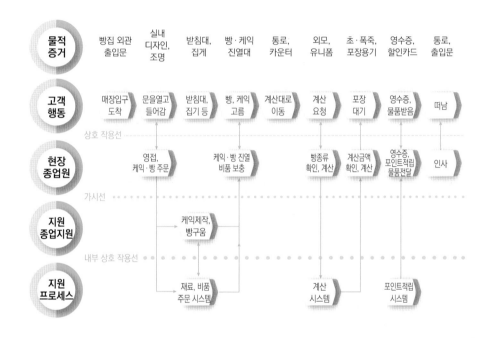

[그림 7-5] 서비스 청사진-파리바게트

서비스 청사진은 제공되는 서비스의 전체 과정을 조망할 수 있도록 해주기 때문에 종업원들로 하여금 자신들이 해야 할 직무를 서비스와 관계시켜 보다 더 고객 지향적(customer-oriented)이 될 수 있도록 해준다. 서비스 제공 과정에서 어느 점이 취약한지를 미리 알려 주기 때문에 지속적인 서비스 품질 활동에 표적을 제공해 주고 있는 셈이다. 고객들과 종업원들 사이의 상호 작용 라인은 고객의 역할을 조망해 주고 어디서 고객들이 품질을 경험할 수 있는지를 나타내주기 때문에 향후 서비스를 설계할 때 좋은 정보를 제공해 준다. 가시선(line of visibility)은 고객들이 볼 수 있는 부분과 어느 종업원들이 고객들과 접촉하는지를 명백하게 보여주기 때문에 합리적인 서비스 설계를 가능하게 해주고 있다. 서비스 제공 과정에서 내부

적으로 발생하는 상호 작용을 나타내주고 있는 선$^{(line)}$은 부서간 역할들을 분명하게 보여 주고 있기 때문에 품질 개선 활동을 지속적으로 강화시켜 줄 수 있다. 서비스를 구성하고 있는 요소들 및 상호 접촉점들을 조망할 수 있기 때문에 서비스 제공에 관한 심도 있는 논의들을 활성화시킬 수 있다.

## 3. 사람(people)

### (1) 직원의 중요성

성공적인 서비스 기업 운영을 위해서는 고객, 직원 모두 잘 관리해야 한다. 서비스를 제공받는 고객을 외부 고객이라고 한다면 직원은 내부 고객이다. 흔히 외부 고객을 대상으로 하는 마케팅을 관계 마케팅이라 하고 내부 고객을 대상으로 하는 마케팅을 내부 마케팅이라 한다. 고객은 서비스를 제공하는 직원의 서비스로 그 회사의 서비스 품질을 판단하고 서비스 직원과 회사를 같은 개념으로 보기 때문에 기업 입장에서 서비스 직원의 관리는 매우 중요한 요소가 된다.

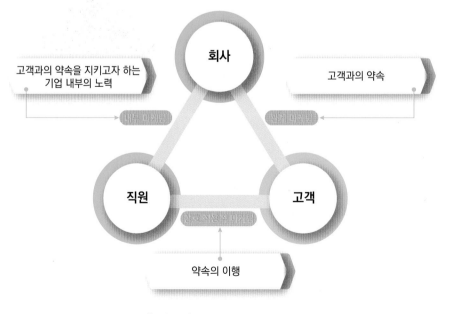

[그림 7-6] 서비스 마케팅 삼위일체

## (2) 내부 마케팅

내부 마케팅 이란 직원을 고객으로 보고 적절한 교육 훈련을 통해 긍정적인 태도와 고객 지향적 사고를 심어주어 외부 고객, 동료 직원, 고용주 및 기업과의 관계에 있어 좋은 역할을 할 수 있도록 동기 부여를 하는 활동이다. 내부 마케팅이 성공하기 위해서는 내외부 고객에 대해 좋은 서비스를 제공하는 것을 당연시하는 기업 문화를 개발하고 확립된 서비스 문화를 적극적으로 유지하며 직원들이 자신들의 역할과 중요성을 인식하도록 해야 한다. 내부 마케팅의 실천 방안으로 서비스 기업은 우선 직무에 적합한 사람을 고용하고 그 직원이 최고의 사원이 될 수 있도록 교육과 훈련을 해야 하며 직원 정서 관리와 적절한 임파워먼트를 통해 자부심을 가지고 직무에 임할 수 있게 하여야 한다.

## (3) 고객 중심적 조직 구조

고객 중심적인 서비스 조직은 조직 중심의 사고에서 벗어나 고객을 기업 활동의 출발점으로 인식한다. 고객 관련 업무를 마케팅 부서의 일로만 여기는 것이 아니라 전 조직 구성원이 고객 업무에 관심을 가지고 임하게 된다. 또한 성공적인 서비스 조직은 인적 자원을 효과적으로 관리하는 데 힘을 쏟는다. 서비스에서의 성공적인 인적 자원

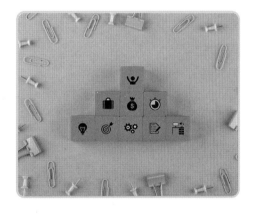

관리 전략은 인재들이 선호하는 고용자가 되어 인재를 얻기 위해 경쟁하는 데서 시작하여, 신중한 고용, 노력을 아끼지 않는 훈련, 권위와 자부심을 가지고 우수한 서비스를 제공하는 데 솔선수범하는 직원들에게 힘을 부여하는 일들이 뒤따른다.

또한 최고 경영자 그리고 중간 관리자는 계속적으로 서비스의 우수성과 생산성을 강조하는 강력한 문화를 강화시킨다. 종업원들은 조직의 목표를 이해하고 지지하며 가치 중심적 리더십은 서비스 제공자들을 고양시키고 지도한다면 서비스에 대한 열정을 최고치로 높여 줄 뿐만 아니라 만족스러운 노동 생활을 영위하게 해준다.

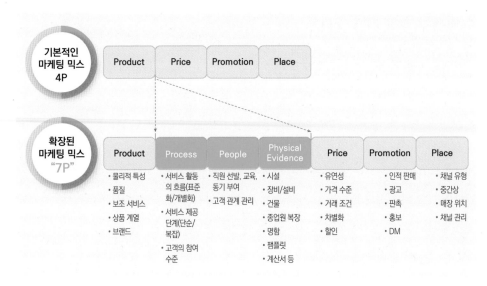

**[그림 7-7]** 서비스 마케팅 믹스7P

## 제3절   마케팅 성과 평가

### 1. 마케팅 성과 평가의 의의

마케팅 성과 평가는 수행한 마케팅 활동에 대해 목표 달성 여부를 가지고 성과를 판단하게 된다. 따라서 성과 평가는 효율적인 경영 및 개선을 위한 필수적인 관리 수단이자 동시에 조직의 이념과 목표를 실현하는 구체적인 경영 관리 수단의 하나로 이해되고 있다. 최근의 성과 평가의 동향을 살펴보면 재무적 성과 측정치의 한계를 극복하기 위하여 고객 만족, 종업원 만족 및 내부 프로세스 등과 같은 비재무적 측정치를 강조하고 있다. 전통적인 재무중심 성과 평가는 핵심적인 비즈니스 프로세스를 관리하고 개선하고자 하는 경영자에게 적절한 성과 정보를 제공해주지 못한다는 문제점을 가지고 있다. 재무 중심 평가의 한계는 단기적 성과를 지나치게 강조한 나머지 장기적 경영 개선 과제를 소홀히 할 수 있으며 과거 수행한 활동의 정량적 성과에 몰입하여 미래 성과를 예측하기 어렵다는 점이다.

## 2. 마케팅 성과 평가의 과제

기업의 기본 목표는 적은 노력으로 큰 성과를 얻는 것이고, 기업은 마케팅의 효율성, 효과성을 극대화한 마케팅 실행 노력을 통해 마케팅 성과가 기업의 궁극적 목표와 일치할 수 있도록 하여야 한다. 기업이 지속적으로 성장과 발전을 하기 위해서는 기업의 마케팅은 일상적 의미의 마케팅 활동 차원을 넘어 경쟁자보다 뛰어난 마케팅 활동을 해야 한다. 따라서 이제까지는 마케팅 활동이 그 복잡성과 다양성 등을 이유로 그 공헌도가 명확히 평가되지 않았다면 앞으로는 정확한 마케팅 성과 평가를 통해 기업의 장기 발전에 기여하도록 설계되어야 한다.

Quiz

❶ 다음 중 전통적 마케팅 믹스의 4P에 해당하지 않는 것은?

① 상품(Product)
② 가격(Price)
③ 촉진(Promotion)
④ 유통(Place)
⑤ 사람(People)

❷ 다음 내용은 무엇을 설명하는 것인지 답하시오.

"핵심 서비스 프로세스나 서비스 시스템이 알아보기 쉬운 방식으로 묘사되어 서비스를 제공하
는 데 관계되는 사람들이 그들의 역할 및 관점에 상관없이 서비스 프로세스와 관련된 단계와 흐름
등 서비스 전반을 이해할 수 있도록 해주는 그림이나 지도"

정답 _____

❸ 기업의 내부 마케팅의 의미를 설명하시오.

---------------------------------------------------

---------------------------------------------------

---------------------------------------------------

---------------------------------------------------

---------------------------------------------------

---------------------------------------------------

Memo

Chapter 8

# 특수 마케팅

제1절 관계 마케팅
제2절 제휴 마케팅
제3절 내부 마케팅
제4절 문화 마케팅

Chapter

8

## 제1절   관계 마케팅

### 1. 관계 마케팅의 개념

관계 마케팅이란 고객과 기업 간의 '관계'의 개념을 도입한 마케팅의 접근 방법으로, 기업은 경쟁 우위를 확보하기 위한 수단으로 이를 사용하고 있다.

시장의 규모가 커지면서 경쟁사가 증가하는 등 급변하는 마케팅 환경에서 기업은 신규 고객을 창출하고, 기존 고객을 유지하는 것으로 기업의 존속과 발전을 도모하려고 노력하고 있다. 하지만 새롭게 출시된 상품의 시장이 아닌 이미 형성되어온 시장의 경우, 고객의 수요 자체가 이미 포화 상태에 이르러 신규 고객 창출이 용이하지 않은 경우가 많다. 예를 들어, 흔히 가정에서 쓰이는 비누와 같은 생활필수품의 경우, 기업이 제공하는 공급량이 실제 고객이 필요로 하는 수요량을 초과하고 있어 고객은 다양한 선택을 할 수 있고 유사 경쟁 제품이 다수 존재하는 상황에서 기업은 신규 소비자를 유치하는 것이 쉽지 않다.

그리하여 기업은 신규 고객 '유치'보다는 기존 고객 '유지'에 초점을 두게 되어 고객과 기업의 '관계'에 집중하는 관계 마케팅이라는 개념이 부각되었다. 사전적 의미로 '관계'는 '둘 이상의 사람, 사물, 현상 따위가 서로 관련을 맺거나 관련이 있음. 또는 그런 관련'을 뜻한다.

전통적으로 마케팅은 일회성 거래(Transaction)의 개념이 중심이었다. 거래 당사자 A와 B가 있을 때 A와 B가 거래하면 일회성으로 종료된다. 하지만, 관계 마케팅은 거래당사자 A, B의 관계에 초점을 두어 일회성 거래가 아닌 장기적인 거래로 지속시켜 A, B 당사자 모두가 이익을 보게 한다는 개념이다.

정리하면, 관계 마케팅은 단기적 거래가 아닌 장기적 거래를 목적으로 기업의 입장에서 고객을 이해하고 고객과의 관계 구축이 고객과 기업 모두에게 이익이 되게 하는 것을 말한다.

### 2. 관계 마케팅의 목적

관계 마케팅은 기업이 수익 실현을 가능하게 하는 고객들과 관계를 구축하고 유지하는 것

을 기본적인 목표로 한다. 전술한 바와 같이 기업은 치열한 시장의 경쟁 구도에서 신규 고객의 유치가 쉽지 않으므로, 고객을 유치, 확보하여 이를 장기적인 고객으로 발전시키려 한다. 즉 기업은 처음 한 번의 거래로 인연을 맺게 된 고객과 장기적으로 관계를 가짐으로써 고객을 계속적으로 만족시켜 기업의 제품을 믿고 계속해서 구매하게 하는 충성 고객으로 발전시키기 위해 노력한다. 충성 고객이란 반복적으로 구매 활동을 할 뿐만 아니라 주변 사람들에게 추천하거나 적극적으로 추천할 의향을 가진 고객을 뜻한다.

기업이 관계 마케팅을 실천하는 목적을 단계별로 아래와 같이 나눌 수 있다.

먼저, 신규 고객을 유치하는 것이다. 단, 전통적 마케팅에서의 단기적인 매출 증대만을 위한 신규 고객 유치 활동과는 달리, 신규 고객 유치 시부터 기업은 장기적인 충성 고객으로 전환 가능성이 있는 고객을 우선적으로 유치하는 것이 필요하다. 예를 들어, 기존의 우량 고객이 추천한 신규 고객은 충성 고객이 될 가능성이 높다. 즉, 관계 마케팅을 잘 수행하고 있는 기업은 기존 고객으로부터 발생하는 구전 효과에 의한 신규 고객의 유치가 용이해지며, 이는 충성 고객으로 연결될 가능성이 높다.

그 다음으로는 신규 고객의 유지다. 한번 찾아온 고객을 떠나보내지 않고 유지할 수 있는 방법은 '고객 만족'이다. 고객 만족의 궁극적인 목적은 반복적으로 구매를 하도록 유도하는 것이다. 즉, 상품 또는 브랜드가 충성 고객을 유치하기 위해서는 고객 만족을 수행해야 한다.

마지막으로 고객과의 관계를 제고하는 것이다. 일반적으로 인간관계와 같이 고객과의 관계에 친밀함과 믿음감을 최대한 증대시켜 시간이 지남에 따라 관계가 굳건해질 수 있도록 하는 것이 필요하다. 충성 고객은 기업에 든든한 사업 기반일 뿐 아니라 기업이 성장할 수 있는 동력이 된다.

즉, 관계 마케팅은 고객과 강한 유대 관계를 형성하고 유지, 발전시키는 활동, 즉 기존 고객의 충성 고객으로의 전환을 통해 장기간에 걸친 이익을 확보하기 위해 더욱 좋은 서비스를 제공하려는 장치이다. 기업은 충성 고객이 된 고객은 자신들의 변화하는 욕구를 제대로 이해하고 제품이나 서비스를 지속적으로 개선하는 등 관계에 대한 투자 의지가 있다고 믿

는 한 계속적으로 관계를 유지하려 할 것이며, 경쟁자의 유인에도 쉽게 넘어가지 않는다고 믿는다.

그렇다면 충성 고객이 많을수록 기업의 이점은 다음과 같이 정리할 수 있다.

첫째, 매출이 증가한다. 충성 고객은 신규 고객보다 재구매 확률이 높다. 특히, 신규 고객보다 더 많은 구매 가능성이 있어서 매출 단가 상승 측면에서도 유리하므로 충성 고객이 많을수록 기업의 매출에 큰 기여를 하게 된다.

둘째, 고객 유치 비용의 절감 효과가 있다. 기업을 잘 모르는 잠재적인 소비자를 고객으로 유치하려는 유치 비용은 높게 발생할 수밖에 없다. 하지만 이미 기업의 제품 구매 경험이 있고 재구매를 하고 있는 충성 고객의 경우 별도의 유치 비용이 필요 없거나 낮은 유치 비용으로 망설임 없이 기업의 제품을 스스로 탐색하고 구매까지 하게 된다.

셋째, 자발적으로 본인의 구매 경험을 공유한다. 충성 고객은 주위에 상품을 알리는 일을 마다하지 않는다. 특히 대부분의 소비자는 소셜미디어를 하나 정도는 가지고 있으므로 충성 고객 하나하나가 또 다른 마케팅 채널이 되어 효과를 발휘할 수 있다.

넷째, 충성 고객은 가격 또는 이벤트에 민감하지 않다. 이미 기업의 제품에 만족하고 그에 대한 충성도를 가지고 있으므로 가격이나 별도의 이벤트를 통해 경쟁사로 쉽게 돌아서지 않는다. 하지만 경쟁이 치열한 만큼 신규 고객 유치를 위한 마케팅과 같이 충성 고객 유지를 위한 별도의 마케팅이 필요하다.

## 3. 관계 마케팅의 특징

관계 마케팅은 기업과 고객 간의 일시적인 거래 관계를 발생시키는 것이 아닌, 보다 장기적인 관계 유지를 구축하기 위해서 기업의 마케팅 활동을 통해 고객 스스로 기업과 차별화된 관계 유지의 의도를 갖게 하는 것을 목표로 한다. 관계 마케팅은 궁극적으로 기업과 고객 간 모두의 이익을 추구하게 한다.

그러므로 관계 마케팅과 기존의 전통적 마케팅을 비교해 보면 다음과 같은 차이점들이 있다.

첫째, 고객을 바라보는 관점이다. 기존의 매출 증대로 인해 이윤 극대화를 목표로 하는 마케팅에서 고객은 단지 기업의 상품을 팔아야 하는 판매의 대상이다. 반면, 관계 마케팅의 관

점에서 고객은 기업과 지속적인 관계를 유지하며 여러 활동을 통해 자연스럽게 수익이 창출될 수 있도록 한다. 그러므로 기업은 고객을 기업과 함께하는 동반자로 간주하여 단기적 거래 실적보다는 장기적인 관계에 입각하여 고객의 생애 가치에 중점을 둔다.

둘째, 고객과 기업 간의 커뮤니케이션이다. 기존의 마케팅이 매스미디어 등의 각종 고객과의 소통 채널을 통해 고객들에게 일방적인 메시지 전달에 의존했다면 관계 마케팅은 고객과의 관계에 중점을 두어 SNS 등과 같은 다양한 수단을 통해 쌍방향 커뮤니케이션(Two Way Communication)을 강조한다. 고객은 기업이 제공한 정보에 직접 반응할 수 있으며 기업은 고객과 직접적인 커뮤니케이션이 가능해진다.

셋째, 규모의 경제에서 범위의 경제로의 전환이다. 대량 생산, 대량 판매에 의한 규모의 경제 지향이 아닌 고객이 원하는 제품을 다양하게 판매하거나 장기적인 거래 기간을 유지시키는 범위의 경제를 도모한다.

넷째, 마케팅의 궁극적 목표가 시장 점유율(Share of Market)이 아닌 고객 점유율(Share of Customer)이다. 시장 점유율은 경쟁 시장에서 어떤 상품의 총판매량 중 특정 기업의 상품이 차지하는 비율을 말한다. 그러나 고객 점유율은 고객 한 명의 총 거래 중 특정 기업의 상품이 차지하는 비중을 말한다. 고객 개개인을 하나의 독립된 시장으로 인식하여 고객 한 명당 관련 부문 지출액에서 자사 상품 매출의 비중이 고객 점유율이며, 기업은 고객 점유율이 높은 충성 고객을 유치하여 고객 점유율을 높이려고 노력한다.

● [표 8-1] 거래 마케팅과 관계 마케팅의 비교

| 거래 마케팅 | 관계 마케팅 |
| --- | --- |
| 단순히 판매에 초점을 둠 | 고객 유지에 초점을 둠 |
| 제품 특징에 주안점을 둠 | 제품 효익에 주안점을 둠 |
| 단기적 | 장기적 |
| 고객 서비스를 거의 강조하지 않음 | 고객 서비스를 강조 |
| 한정된 고객 관여 | 높은 고객 관여 |
| 온건한 고객 접촉 | 적극적인 고객 접촉 |
| 품질은 생산 단계에서만 관심을 둠 | 품질은 모든 분야에서 관심을 둠 |

다섯째, 상품의 차별화나 관리가 고객으로 확산된다. 상품의 차별화 못지않게 고객의 차별화도 중요하며 차별화된 서비스를 통해 고객을 관리해야 한다. 마케팅에서 흔히 인용되는 상위 20%의 원인이 전체 80%의 결과를 도출한다는 파레토의 법칙에서는 소수의 충성

고객의 지속적인 역할이 중요하다는 것을 보여준다. 기업의 이익은 매출의 장기적인 증대에서 나오게 되며 이는 기업의 양질의 상품 개발보다는 다수의 충성 고객의 유지로 가능하기 때문이다.

## 4. 항공사의 관계 마케팅

관계 마케팅은 소비자와 한 번의 거래로 끝내는 1회성 만남을 지양하고, 고객과 서비스 접점(Service Encounter)을 잘 관리하여 고객과의 관계를 지속적으로 형성, 유지, 발전시킴으로써 기업의 이익을 실현하는 것을 말한다. 고객과의 관계는 서비스 산업에서 특히 중요성을 갖는다. 관계 마케팅은 서비스에 대한 요구, 수요가 계속적이며 주기적인 경우, 고객이 서비스 업체 선정의 선택권을 가졌을 때, 동질의 서비스를 제공하는 경쟁자가 많은 경우, 고객의 충성도가 약하여 상표 전환율이 높은 경우, 서비스 제품의 성격상 구전의 영향력이 큰 경우 특히 중요하다. 이러한 경우 서비스 산업 중 항공사와 상황이 맞아 항공사를 찾는 고객은 대부분 한 번의 이용으로 끝나지 않는 상용 고객의 특성을 띠며 주기적으로 한 항공사 또는 주거래 항공사를 이용할 가능성이 크다. 하지만 현 상황은 대체 기능을 해 줄 항공사를 이용할 선택의 여지가 많고 예전보다 전환 장벽도 낮은 편이다.

항공사 서비스는 일반적으로 무형적인 서비스와 유형적인 서비스의 복합적인 기능을 가지며 유형적인 서비스가 차지하는 부분보다 무형적인 서비스가 차지하는 비중이 크다. 항공사의 중요한 자산은 고객이다. 고객과의 관계가 지속적으로 관리되고 서로 커뮤니케이션을 통해 장기 고객으로 전환된다면 항공사의 이윤이 창출될 수 있다. 항공사 경영에 있어서 고객과의 관계 확립은 항공사의 중요한 경영 전략이다.

항공사에서 관계 마케팅의 개념을 도입하는 배경을 정리하면 다음과 같다.

첫째, 항공 시장은 고급화를 추구하는 항공사와 저가를 추구하는 항공사 등 수요보다 공급이 많고 국적 항공사의 다양화, 시장 개방을 통한 다른 항공사들과의 경쟁으로 기존 고객 관계의 만족과 신뢰를 통한 경쟁력 강화가 항공사의 이윤 창출에 영향을 준다.

둘째, 새로운 고객 창출보다는 기존 고객의 재구매를 통한 수익 창출이 비용 절감 효과가 크다.

셋째, 다양해진 고객의 욕구를 충족시키고 개성에 맞는 서비스를 제공하기 위해서는 예전

의 매뉴얼화되어 있는 서비스 위주에서 1인 1색에서 1인 100색의 다양한 고객의 욕구를 충족시키는 1 대 1 서비스가 마케팅의 주안점이 되어야 한다.

넷째, 이러한 고객의 다양한 욕구를 만족시키기 위하여 고객의 정보를 데이터베이스로 구축하고 고객이 원하는 맞춤 서비스, 즉 1대1의 서비스를 제공해야 한다. 그러므로 항공사는 고객의 욕구를 파악하여 지속적인 장기 관계를 유지하기 위한 관계 마케팅의 전략이 필요하다.

 ## 제2절   제휴 마케팅

### 1. 제휴 마케팅의 개념

제휴 마케팅은 양자 또는 3자 이상이 자신이 지니고 있는 마케팅의 장점을 서로 공유하는 것을 말한다. 또한 서로의 단점을 보완하여 궁극적으로는 마케팅 행동의 극대화, 즉 상품 판매나 고객의 안정적인 확보를 꾀하기 위한 목적으로 활용한다. 제휴 마케팅은 다양한 방법을 통해 제휴 관계를 형성하여 공동 마케팅을 전개하고 제휴를 통해 발생하는 수익과 가치를 공유하는 비즈니스 모델이다. 따라서 자신들이 개발하거나 창안한 제품, 유통망, 기타 마케팅과 관련한 아이디어 등을 위해 다른 기업이나 조직의 힘을 합리적, 적극적, 의도적으로 활용하는 마케팅 방식이다. 또한 마케팅 믹스의 원리를 활용하여 신상품 공동 개발, 신시장 공동 개척, 신유통 공동 개발 판매 등이 가능하다.

### 2. 제휴 마케팅의 특징

제휴 마케팅의 주요 이점으로 확실한 포지셔닝, 강력한 차별점 및 유사점 창출, 제품 도입 비용 감소를 들고 있으며 이러한 전략적 제휴는 소비자 및 기업 모두에게 도움이 된다고 볼 수 있다.

첫째, 고객에게 더 좋은 가치를 제공할 수 있다. 우선은 고객에게 다양한 선택을 할 수 있게 한다. 예를 들어, 한식과 일식을 같은 장소에서 운영할 경우에 소비자는 그만큼 선택의 폭이

넓어진다고 하겠다. 이러한 경우는 가족이 함께 식사를 할 경우나 혹은 다양한 모임의 경우에 많은 장점을 보일 수 있다. 또한 훈련과 일관성이 잘 확인된 브랜드 회사에서 제공되기 때문에 고객이 음식을 포함한 질 좋은 상품과 서비스를 받을 수 있다.그리고 주유소나 편의점과 패스트푸드 레스토랑의 전략적 제휴에서 볼 수 있듯이 한곳에서 여러 가지를 할 수 있는 편리함을 고객에게 제공할 수 있다.

둘째, 전반적인 이미지 향상을 가져올 수 있다. 만약 기존의 브랜드가 잘 알려지지 않은 것이었다면 전략적 제휴 대상을 브랜드 이미지가 높은 곳으로 선택하여 기존의 점포에 대한 고객들의 인지도를 높일 수 있어 점포 이미지에 대한 시너지 효과가 크다. 다시 말해서 두 개의 브랜드가 가진 가치를 공유할 수 있어서 그만큼 전반적인 이미지가 향상된다고 할 수 있다. 또한 고객들은 브랜드가 있는 경우에는 위험이 낮아 보이기 때문에 믿고 선택할 수 있다.

셋째, 운영상의 경쟁 우위를 강화시킬 수 있다. 하나의 브랜드를 운영하는 것보다 두 개의 브랜드를 같이 운영할 경우 고객을 보다 많이 유치할 수 있어 잠재 구매고객을 보다 많이 확보할 수 있다. 또한 업종이 다른 경우 혹은 피크타임이 다른 경우에는 매출에 있어서 시너지 효과를 올릴 수 있다. 그리고 한정된 공간을 공유하다 보니 고정 비용이 대폭 줄고 유동 비용 또한 절감되므로 운영 비용이 절감된다. 또한 편의점과 다른 업체들이 제휴 마케팅을 통해 한 공간을 함께 공유할 때 야간의 경우 여러 명이 근무하므로 안전하다고 할 수 있다.

넷째, 분배의 상승을 꾀할 수 있다. 레스토랑의 경우 호텔, 주유소, 편의점, 대형 할인마트 등과 같은 좋은 입지 조건으로 인하여 레스토랑 체인의 분배 상승을 꾀할 수 있다.

다섯째, 매출의 증가를 가져올 수 있다. 비슷한 가치의 브랜드 고객을 공유함으로써 잠재적인 구매 고객을 확보할 수 있고,이것은 곧 매출의 증가로 이어진다. 예를 들어, 호텔에 입점해 있는 레스토랑의 경우는 식음료의 매출액 증가를 통해서 자사의 이익은 물론 호텔의 전반적인 매출의 증가에도 기여한다.

위와 같은 장점에도 불구하고 제휴 마케팅의 잠재적인 단점은 소비자의 마음속에서 또 다른 브랜드와 제휴됨으로써 위험과 통제력이 결여된다는 점이다. 전략적 제휴의 관여 및 몰입에 대한 소비자의 기대는 높다. 따라서 불만족스러운 성과는 적용된 브랜드에 대해 부정적인 영향을 미칠 수 있다. 만약 제휴 브랜드가 많은 다른 전략적 제휴에 참여하고 있다면 연상의 전이를 희석시키는 과다 노출의 위험 또한 존재할 수 있다. 그러나 현재의 외식업계 상황 등을 고려하여 전략적 제휴는 단점보다는 장점이 많은 것으로 가맹점들에게 받아들여지

고 있으므로 앞으로도 계속해서 성장할 것으로 인식되고 있다.

브랜드 제휴와 같은 결합 브랜드 영향력에 대해 조사한 연구는 하나의 브랜드가 단독으로 브랜드 확장을 하는 것보다 상호 보완적으로 속성 결합한 결합 브랜드가 소비자의 제품 선택과 선호도에 긍정적인 영향을 미치고 있다고 제안한다. 즉, 하나의 브랜드만을 제시한 경우보다 두 개의 브랜드명을 함께 제시함으로써 소비자에게 제품 품질에 대한 확신을 심어줄 수 있고, 신제품에 새로운 브랜드명을 붙이거나 기존 브랜드를 확장하는 전략보다 시간적인 측면이나 비용적인 측면에서 노력을 덜 들일 수 있는 최적 협력 형태가 될 수 있다. 국외의 경우는 외식업체들이 기존의 영업 장소와는 다른 대형 할인 매장이나 편의점, 주유소와 호텔 등의 장소에 그들의 사업장을 개장하면서 성장한 것을 볼 수 있었다. 국내의 경우는 이제 시작 단계로 대형 할인 매장이나 몇몇의 주유소 등에서 전략적 제휴를 통한 사업을 하는 것을 볼 수 있다. 호텔과의 제휴에서는 아직 국내에서는 찾아보기 힘든 사례지만 국외의 현황을 봤을 때 풀 서비스(fullservice)를 제공할 수 있는 특급 호텔들이 아닌 작은 규모의 중저가 호텔이나 비즈니스 호텔에서 앞으로 활용할 수 있는 전략이라고 볼 수 있다. 전략적 제휴의 브랜드 효과에 대한 학자들의 연구 결과를 종합해보면 아래와 같다.

첫째, 전략적 제휴는 각각의 브랜드 기업의 두드러진 특징을 부각함으로써 전략적 제휴가 매력적인 대안으로 인식되는 데 도움을 주게 된다. 둘째, 덜 알려진 브랜드는 전국적 인지도가 있는 브랜드와의 전략적 제휴를 통한 긍정적 파급 효과를 기대할 수 있다. 셋째, 높은 인지도의 브랜드는 상대적 저인지도 브랜드와의 전략적 제휴가 반드시 부정적 영향을 가져오지는 않는다는 것이다. 넷째, 전략적 제휴를 통해 전통적으로 접근할 수 없었던 전략적 제휴 기업의 고객층에 어필할 수 있게 된다.

## 3. 항공사 간 제휴 프로그램의 도입 배경

세계 항공운송 시장은 항공운송 산업 규제완화법(Airline Deregulation Act)이 1978년 미국에서 통과되면서 이를 시작으로 점차 유럽 및 전 세계적으로 확대되어 항공 자유화 시대에 돌입하였다. 항공운송 산업 규제완화법은 항공운수 사업에 대한 규제를 완화한 입법 조치로서 신규 노선에 대한 진입 및 철회에 대한 규제가 해제되고 항공사가 서비스 또는 항공 운임을 회사 자유로 결정할 수 있게 되었다는 것을 의미한다. 이를 계기로 산업 초기부터 각국 정부

에 의해 기간산업으로 보호되고 육성되어 오던 항공 산업은 새로운 전환점을 맞이했다. 이에 세계적인 규제 완화와 자유화 동향, 항공사 간의 M&A 추세에 범세계적인 네트워크를 구축하고자 항공사들 간에 상무 협정의 일종으로 1980년대 이후 전략적 제휴(strategic alliance) 또는 전략적 네트워크(network alliance), 전략적 동맹(strategic partnership)이라는 새로운 개념이 도입되었다. 제휴란, 성장 수단으로써 인수 또는 자체 개발을 선택할 수 없을 때, 또는 자체 개발이 가능하더라도 신시장에 보다 빠르게 접근하기 위한 수단으로 일반적으로 이용하는 전략이다. 따라서 전략적 제휴는 기업 간 협력 형태로 그들의 경제 또는 법적 영역의 경계 내에서 그들이 이용 가능한 자원 및 시장 접근성 확대를 바라는 둘 또는 그 이상의 기업들에 의해 수반된다.

파트너 기업이 지니고 있는 자산, 즉 브랜드, 명성, 자원, 기술 등을 획득하기 위하여 일시적인 협조 관계를 서로 갖는 것을 전략적 제휴라고 정의한다. 장세진(1996)은 경쟁 관계에 있는 기업이 사업 및 활동 부분에서 상호 협력 관계를 갖는 것을 의미한다고 하였다. 전략적 제휴를 다수의 기업들이 자신의 경쟁 우위 요소를 바탕으로 각자의 독립성을 유지하면서 전략적으로 상호 협력 관계를 형성함으로써 타 경쟁 기업에 대한 경쟁 우위를 확보하려는 경영 전략이라고 정의하였다.

이러한 전략적 제휴는 항공 시장의 점유율 확대, 여객 유인력의 증대 그리고 신규 운송 서비스의 개발 등을 목적으로 항공사 간에 각 항공사의 경쟁 우위적인 요소를 바탕으로 상호 보완적이고 지속적인 협력 관계를 구축 유지하게 한다. 그러므로 항공사 제휴란 두 개 이상의 기업이 장기적인 파트너십 관계를 형성하는 것으로 서비스 품질 향상, 브랜드 자산, 수익성 제고를 포함하여 한정된 자원을 공유함으로써 장기적 협력 관계를 유지할 수 있다. 전략적 제휴를 통한 글로벌 제휴(Global Alliance)는 두 항공사 간의 좌석 공유, 상용 고객 우대 제도와 같은 단순한 항공사 간의 협력 체제를 넘어 공동 스케줄 관리, 공동 마케팅, 공동 기술 개발까지 사실상 단일 회사처럼 움직이는 다자간 기업 연합체 성격을 띤다고 하였다. 이러한 항공사 간의 전략적 제휴 형태를 수평적·수직적 제휴 두 가지로 구분할 수 있다. 수평적 제휴는 가장 일반적인 형태로 경쟁사와 운송 서비스의 경쟁을 벌이기보다 보안적으로 노선망을 구축하고 있는 항공사를 파트너로 항공사 간 편명 공유, 좌석 교환 등을 하는 것이 대표적이다. 수직적 제휴는 항공사를 중심으로 호텔, 렌터카 회사, 주유소, 여행사, 신용카드 등 통합된 여행 관련 사업과 제휴하고 이러한 제휴를 통해 다양한 마일리지 적립 및 사용 등을 유도하

여 폭넓은 수익을 창출하는 것이다. 유럽항공사협회(AEA; Association of European Airlines)의 최종 보고서(1998)에 의하면 항공사의 전략적 제휴는 운항 스케줄, 마케팅, 구매, 상용 고객 우대 프로그램을 포함한 상업적 운항 지역에서의 2개 또는 그 이상의 항공사 간의 협력을 의미한다. 그리고 이 협력은 새로운 노선 확장과 수송량 증가, 효율성 제고, 비용의 절감 등 원활한 항공 여정을 통한 서비스 질을 향상시키기 위한 항공사의 증가된 경쟁적 압력의 결과로 인해 강화되고 있다. 결과적으로 항공사의 전략적 제휴는 결국 노선망의 확대로 이어져 규모의 경제 달성이 가능해지고 미취항 지역의 시장에 전략적으로 접근할 수 있다.

그리고 서비스 질을 향상하고 기술 습득의 기회가 되며 보유 항공기 가동률의 증대 및 조직의 생산성 향상, 그리고 고객에게 편리한 스케줄 서비스의 제공 및 투자 비용의 절감 등의 효과가 있다.

## 4. 항공산업에서의 전략적 제휴 유형

항공운송 산업은 초기 국제 항공의 일원화 경영 체제에서 미국 항공업계의 규제 완화 이후 과열되기 시작하여 국영 항공 기업의 민영화 가속과 시스템의 거대화로 국제 항공의 세계화, 다국적 기업화로 변화하였다. 항공사들의 세계화 추세는 국제적인 네트워크 구축을 목표로 하는 제휴를 통해 활발히 진행되고 있으며, 이러한 치열한 경쟁 속에서 항공사의 전략적 제휴의 유형은 경영 관리 제휴, 노선 제휴, 포괄적 마케팅 제휴, 자원 공유 제휴, 포괄적 지분 제휴 그리고 합병 및 인수 등이 있다.

첫째, 경영 관리 제휴(business adminstration)는 항공사 간의 인적 교류 혹은 경영상의 상호 이익을 위해서 간부를 파견하고 상호 벤치마킹을 통한 경영 노하우를 습득하여 협력하는 것이다. 이 제휴에는 교육 훈련 제휴, 매뉴얼 공동 제작, 경영 관리 및 정보 교환 등이 포함된다.

둘째, 노선 제휴(route by route alliance)는 가장 단순한 제휴 방식이다. 경제성이 없는 노선에서 불필요한 경쟁을 피하고 이미 형성된 노선망을 가진 항공사와의 제휴를 통하는 방식이다. 이 제휴에는 노선 공동 운항(route joint operation), 좌석 할당(block spacing), 공동 운임(joint fare), 운항 편명 공동 사용(code sharing) 등이 있다. 운항 편명 공동 사용은 가장 보편화된 제휴 형태로 두 항공사 간에 이루어지는 마케팅 제휴의 일종으로 상대 항공사로부터 일정한 좌석을 임차하여 자사의 항공 편명으로 판매함으로써 수익 증대와 자사의 비보유 노선에 대한 운항편

확대 효과를 꾀하는 경우를 의미한다. 즉, 노선을 공동 사용하여 연계 수송을 효율적으로 활용할 수 있어 고객들에게 편리성을 제공한다. 따라서 항공사는 연결편 이용 승객에게 가능한 자사 운항편으로 유도하여 항공권 판매 시점에 중요한 결정 요인으로 작용해 연계 수송을 효율화시키는 효과를 누릴 수 있다. 항공권의 판매를 촉진한다는 측면에서는 포괄적 마케팅 제휴의 범주에 포함시킬 수도 있으나 특정 노선 구조에서 이루어지는 노선의 확대라는 측면에서 노선 관련 제휴의 범주에 포함시킨다.

셋째, 포괄적 마케팅 제휴(broad based marketing alliance)는 항공사 간의 전체적인 업무상, 마케팅상의 협력 관계를 구축하는 광범위한 형태의 제휴로 항공사들 간의 상호 지분 교환이나 자본 참가는 배제된 제휴 형태이다. 1990년대에 접어들자 항공운송업계도 새로운 시장 창출을 위해 마케팅의 중요성이 부각되었고, 항공사와의 제휴를 통한 새로운 시장 발굴을 위한 노력으로 항공사 간의 마케팅 제휴가 중요한 전략 수단으로 채택되었다. 이 제휴에는 CRS(Computerized Reservation System: 컴퓨터 예약 시스템), FFP(Frequent Flyer Propram: 상용 고객 우대 제도), 수입 공유(revenue sharing) 등이 다양한 영역에 걸쳐 있다. 그 중에서 CRS는 항공사 마케팅 활동을 수행하는 가장 기본적인 요소이지만 개발을 하기에는 대규모 투자가 필요하기 때문에 기존에 개발·활용되고 있는 마케팅상의 제휴로 발전하고 있다. 이러한 제휴는 자본 참여가 포함되지 않는 비교적 단순한 형태이나 제휴 항공사 간에 연대성이 취약하면 언제라도 파기할 수 있는 것이 단점이다.

넷째, 자원 공유 제휴(resourse sharing alliance)는 국제적인 석유 파동에 따른 유가 인상, 대형 항공기의 도입과 신규 항공사 등장에 따른 과잉 좌석 공급, 세계 경제 전망의 불투명으로 인한 승객 감소, 자국 항공사 중심의 항공 정책 등 항공운송 산업의 미래가 불투명하다. 이러한 상황에서 항공사들은 규모 확대보다는 제휴라는 과정을 통해 위험을 감소시키기 위해 간접 투자의 방법으로 자본 집약적 사업이라는 항공운송 산업의 특성을 살려 각 항공사들이 가지고 있는 자원을 서로 공유하는 것이다. 이러한 자원 공유에는 공동 지상 조업, 항공사 라운지 공유, 공동 보험 구매, 공동 정비 투자, 항공기 리스, 공항 시설 공유, 공항 터미널 공유, 항공 카운터 공유, 케이터링 합작 투자 등 물적 자원 공유, 인적 자원 공유, 지식 정보의 공유까지 포함한다.

다섯째, 포괄적 지분 제휴(equity alliance)는 비교적 장기적인 제휴로써 상호 지분 교환, 투자, 출자가 수반되는 방식으로 다소 위험성을 내포하고 있다. 그러나 전략적 제휴 항공사 간에 '동

맹 관계'가 형성되어 노선 결정, 노선 스케줄 결정, 공동 운임 결정, Code sharing을 비롯한 상용 고객 우대 프로그램, 수입 관리 등 제반 업무 협조가 긴밀하게 이루어질 수 있는 장점을 지니고 있다. 다만, 제휴 항공사의 경영 실적이 부실한 경우 손실이 발생하는 단점도 있다. 따라서 이러한 항공사들은 국제적인 네트워크를 구축하고자 하면서도 이에 따른 위험을 모두 감수하기에는 현실적으로 어려움이 있고, 국가별로 투자에 따른 법적 규제가 있으므로 자본 참가를 포함하는 제휴는 합병이나 인수 등을 대신하는 세계화 전략으로 받아들여지고 있다.

마지막으로 합병 및 인수(merger and acquisiton)는 외국 및 자국 항공사 간 경영권 인수 형태로 동일한 세계화 제휴 전략이다. 따라서 이 전략은 단순한 업무 제휴나 지분 교환보다는 관계의 긴밀성과 연대성, 항공기와 항공사 직원의 운용, 구매와 자금 차입 능력, 브랜드 이미지 제공 측면의 장점을 가지게 된다. 이와 같이 항공사들 간에 합병을 하는 가장 큰 이유는 치열한 경쟁 속에서 살아남기 위해 최소한의 한계 규모를 갖추지 못한 잠재적 경쟁 항공사들끼리 통합하여 경쟁력을 가진 항공사로 입지를 다져 힘을 확보하고 시장 지배력을 강화하고자 하는 데 있다.

최근 항공 자유화에 따른 치열한 경쟁에 대한 대응 방안으로 항공사 간의 지분 참여가 활발하게 진행되고 있다. 만약 외국 항공사의 지분 참여율에 대한 제한이 향후 완화된다면 차후 세계적으로 5~6개의 거대 항공사만이 살아남을 가능성 또한 배제할 수 없다. 이처럼 항공사들의 세계화 제휴 전략은 규모의 경제를 활용한 효율적인 운영이 가능해지고 거대 항공사를 통한 경쟁 우위 확보 및 시장 지배력을 강화할 수 있도록 한다. 하지만 경제가 위축되고 항공 시장이 불황으로 접어들게 되면 대규모의 적자가 발생할 수 있다. 아직까지는 국가 주권에 의해 외국 항공사의 합병과 인수에는 제약이 많은 상태이다.

## 5. 항공사 전략적 제휴의 현황

전략적 제휴의 세계화는 더욱 가속화 되어가고 있으며 그 형태와 범위도 다양하다. 즉, 여러 항공사들이 제휴를 통한 네트워크 확대와 운항 횟수 증가로 매출을 증대시켜 시장에서 경쟁력을 강화하려고 애쓰고 있다.

글로벌 제휴(Global Alliance)라는 명칭으로 세계 항공업계는 현재 3개의 제휴 그룹으로 나뉘어 있다. 1997년 5월 미국 항공사인 United Airline과 독일 항공사 Lufthansa를 주축으로 6개

항공사를 중심으로 Star Alliance가 설립되었고, 1999년 2월 미국 항공사 American Airlines 과 영국 항공사 British Airways를 주축으로 5개 항공사가 ONE WORLD Alliance를 설립, 마지막으로 프랑스 항공 Air France와 미국 항공사 Delta Airline을 주축으로 2000년 6월에 SKY TEAM을 설립하였다. 이들은 노선별 공동 운항 및 상용 고객 우대 프로그램 제휴, 제휴 항공사 간 세계 공항 라운지 공동 사용, 공동 터미널 사용, 일괄 좌석 배정 서비스, 신속한 수 하물 인도 및 처리 등의 다양한 서비스 혜택을 받을 수 있도록 여러 가지 제도를 운영하고 있 다. 현재 우리나라의 국적 항공사 대한항공과 아시아나 항공도 글로벌 제휴에 가입되어 있 다. 대한항공은 2000년 6월 SKY TEAM의 창립 멤버로, SKY TEAM은 회원 항공사 간에 표 준화된 서비스 절차를 확립하여 고객 지향적 전략과 세계 항공 화물 동맹체인 SKY TEAM Cargo를 출범으로 항공 화물 분야까지 제휴 범위를 확대하였다. 우수 회원에게는 항공편 좌 석이 만석인 경우라도 비행기 출발 24시간 전까지 항공 예약을 신청하면 일반석 좌석 예약 을 보장해준다. 반면 아시아나 항공은 2003년에 Star Alliance에 가입하였으며 Star Alliance 는 탑승 실적이 우수한 회원에게는 좌석 요금이나 등급에 관계없이 비즈니스 라운지 무료 이용 혜택, 우선 탑승, 수하물 우선 처리, 전용 체크인 카운터 이용, 무료 추가 수하물 허용 등 다양한 서비스를 제공하고, 스케줄 변경 시에도 상호 공조라는 업무 협조 규정에 따라 항공 권 발행 항공사의 권한 없이도 스케줄 변경이 가능하다. 또한 28개의 회원사와 항공 노선을 연계하여 전 세계 1,200여 곳을 편리하게 여행할 수 있도록 세계 일주 여행을 제공하여 경쟁 력 및 마케팅을 강화시키고, 2005년부터 'CO-Location'을 운영하여 나고야, 방콕, 런던, LA 등 대형 Hub 공항들에서 동맹 항공사들이 같은 터미널을 이용함으로써 비용을 절감하고 승 객들에게 편의를 제공한다. 3대 주요 항공사 전략적 글로벌 제휴 그룹의 현황을 정리해 보 면 [표 8-2]와 같다.

● [표 8-2] 3대 주요 글로벌 제휴 그룹 현황

| 구 분 | Star Aliance | Sky Team | One World |
|---|---|---|---|
| 설립일 | 1997.05.14. | 2000.06.22. | 1999.02.01 |
| 회원 항공사 | 28개사 | 20개사 | 14개사 |
| 연간 승객수 | 63,700만 명 | 66,540만 명 | 50,700만 명 |
| 매일 출발 횟수 | 18,043회 | 17,343회 | 8,627회 |
| 회원사 | Air Canada<br>Aegean Airlines<br>Air Newzealand<br>Austrian Airlines<br>All Nippon Airways<br>Asiana Airlines, Avianca<br>British Midland Airways<br>Brussels Airlines<br>Copa Airlines, Egypt Air<br>Ethiopian Airlines<br>Eva air, Lufthansa<br>LOT Polish Airlines<br>Mexicana De Aviacion<br>South African Airways<br>Scandinavian Airlines<br>Singapore Airlines<br>Shenzhen Airlines<br>Span Air, Swiss Airlines<br>Top Portugal, Thai Airways<br>Turkish Airlines, United Airlines<br>Varig Airlines | Aeroflot<br>Aero Mexico<br>Air Europa<br>Air France<br>Alitatia<br>China Airlines<br>China Easterin<br>China Southern<br>Czech Airlines<br>Delta Airlines<br>Garuda Indonesia<br>Kenya Airways<br>KLM<br>Korean Air<br>Middie East Airlines<br>Saudi Airlines<br>TAROM<br>Vitnam Airlines<br>Xiamen Air | Air Berlin<br>American Airlines<br>British Airways<br>Cathay Pacific<br>FinAir<br>Iberia<br>Japan Airlines<br>LATAM<br>Qatar Airways<br>Malaysia Airlines<br>Qantas<br>SriLankan Airlines<br>Royal Jordanian<br>S7 Airlines |
| 취항국 | 193개국 | 179개국 | 160개국 |

## 제3절   내부 마케팅

### 1. 내부 마케팅의 개념

#### (1) 내부 마케팅 개념

오늘날 모든 기업들은 계속기업으로써의 존립 기반과 안정적인 기업 이윤을 추구하기 위해 적극적인 마케팅 활동을 전개하고 있지만 과거 마케팅의 경우 기업의 외부 고객 또는 사내의 고객에 대한 활동만을 뜻하는 것으로 간주되었고, 모든 마케팅 활동의 초점 역시 외부의 고객을 중심으로 수행되었다. 내부 마케팅(internal marketing)은 서비스 영역에서의 주요 문제인 지속적인 양질의 서비스 제공을 달성하는 수단으로써 1970년대 처음으로 제시되었는데, 내부 마케팅이라는 용어는 Berry, Hensel & Burke(1976)에 의해서 고객이 더 나은 서비스를 받을 수 있도록 직원의 요구를 이해하고 직무 만족도를 높이려는 회사의 노력을 설명하기 위하여 제안되었다. 즉, 직원을 내부 고객으로, 직무를 내부 제품으로 간주하고 이러한 내부 고객의 욕구를 만족시키기 위해서 조직이 내부 제품을 제공하는 일련의 마케팅이다. 또한 기업이 고객의 요구를 충족시키기 전에 직원의 요구를 충족시키는 것이 중요하고 직원을 내부 고객으로 인식하여 외부 고객과 동일한 방식으로 만족시켜야 한다는 것이다. 이처럼 내부 마케팅의 논리는 내부 고객의 요구를 충족시킴으로써 외부 고객을 만족시킬 수 있는 서비스 품질을 제공할 수 있다는 것이다.

서비스 기업의 경우 종사원에 의한 인적 서비스의 의존도가 타 기업에 비해 월등히 높은 산업이기 때문에 종사원의 역할이 기업의 성장을 좌우하게 된다. 이러한 서비스 기업의 특성으로 인하여 서비스 기업의 종사원들을 대상으로 하는 내부 지향적 마케팅 활동이 중요하다는 인식이 점차 확대되고 있다. 고객은 기업에 대한 그들의 느낌을 대변하는 종사원들로부터 받게 되므로 종사원들의 역할은 매우 중요하다고 주장하였다. 그러므로 기업은 종사원들을 외부 고객과 같은 관점에서 간주해야 할 필요성이 있다. 내부 마케팅이 기존의 외부 마케팅보다 더 중요하다고 설명하고, 직원을 성공적으로 고용 및 교육하여 동기를 부여하는 등 내부 마케팅이 외부 마케팅에 선행되어야 한다는 것이다. 직원이 서비스를 제공할 준비

가 덜 된 상태에서 훌륭한 서비스를 약속하는 것은 이치에 맞지 않는다. 또한 내부 마케팅은 더 나은 서비스를 제공하기 위해 직원을 훈련하고 격려하는 조직 내 노력으로 구성되기 때문에 내부 마케팅은 의사소통 프로세스로 설명한다. 그 목적은 고객 중심의 조직 문화를 창출하는 것이다. 내부 마케팅에 대하여 직원들이 일반적으로 비용을 가장 많이 발생시키지만 조직의 경영자가 그들의 마음을 바꾸고 직원에게 더 집중해서 이들이 더 나은 보상을 받도록 한다면 조직의 성장과 수익성을 유지하는 데에도 기여할 수 있다. 기업과 종사원이 형성하는 내부 시장은 외부 시장보다 먼저 존재하는 시장이기 때문에 내부 시장을 만족시키지 못하는 서비스는 외부 시장도 만족시킬 수 없다.

내부 마케팅은 외부 고객에게 제시된 서비스 품질의 약속을 실행하기 위해 필요한 조건인 내부 고객의 고객 지향적 태도와 능력 발휘를 제고시키는 데 역점을 둔다. 기존의 마케팅이 외부 고객에 대한 마케팅 활동에 중점을 두고 있는 것에 반해 내부 마케팅은 조직 구성원을 대상으로 하는 마케팅 활동을 의미한다. 종사원을 내부 고객으로 보고 이들에게 동기를 부여하여 고객과의 상호 작용을 더 잘할 수 있게 하는 마케팅 활동을 의미한다. 이러한 내부 마케팅의 개념을 살펴보면 다음과 같다.

## 2. 내부 마케팅 구성 요인

### (1) 보상 제도

보상 제도(compensation)는 종사원들에게 시장 지향성과 일치하는 새로운 행동과 태도를 수용하고자 하는 동기를 유발시킬 수 있다. 내부 고객에 대한 고객 지향적 가치를 제고해야 하는 상황이라면 내부 고객에게 최상의 품질을 제공하려는 조직 내 다양한 노력에 대하여 포상하는 유인책이 있어야 한다. 보상 제도는 단기 이익이나 판매에 기초하기보다는 내부 고객의 행위 기준의 평가를 기반으로 이루어지는 것이 더 합리적이다. 행위 기준의 평가는 내부 고객에게 고객 지향성 행위를 받아들이게 하는 유도의 의미를 갖는다. 구체적 보상 제도의 일환으로 업계 평균보다 높은 임금을 제공하거나 보너스, 내부 고객 옵션제와 같은 생산성 증대와 수익성을 조건으로 하는 높은 급여는 내부 고객이 조직의 목표 달성에 헌신하고 동기화되도록 하는 추가 인센티브로 작용한다. 이러한 조건적 임금 제도는 보상 그 자체가

수행과 연관될 뿐만 아니라 모든 조직 구성원들이 재정적 이득과 생산성 향상을 공유하는 것과도 연결된다. 특히 조직의 중요한 수익 평가가 외부 고객 만족과 충성도일 경우에 외부 고객에게 우수한 서비스를 제공한 내부 고객을 포상하는 것은 우월한 서비스 수행이라는 바람직한 행동을 증진시킨다.

### (2) 교육 훈련

교육 훈련(educational training)은 서비스 산업의 지속적인 경쟁 우위를 달성하기 위해 조직의 사명 및 전략에 대한 이해를 돕고, 내부 고객의 지식과 능력을 향상시키며, 마케팅에 대한 내부 고객의 태도를 변화시키는 역할을 하기 때문에 내부 마케팅을 실행시키기 위한 중요한 구성 요소가 된다. 교육 훈련에 대한 투자는 곧 높은 수준의 서비스 품질, 외부 고객 만족도, 충성도를 예측할 수 있는 긍정적인 태도와 기술이라는 무형의 혜택을 창출한다. 교육 훈련은 시장지향성의 개발에 대해 가질 수 있는 부정적인 태도를 불식시킬 수 있는 중요한 수단이 된다. 교육 훈련은 직무에 대한 만족도를 높이고, 조직에 대한 지속적인 공헌도를 증대시킬 수 있는 내부 고객의 긍정적 태도를 형성시킬 수 있다.

### (3) 권한 위임

권한 위임(empowerment)이란 직접적으로 서비스를 제공하고 있는 종사원들에게 가능한 한 최대의 의사 결정권을 부여함으로써 종사원이 특별한 문제에 직면했을 때 자신감을 가지고 도전할 수 있도록 하는 것이다. 권한 위임의 주요 목적은 종사원의 동기 부여를 통해 생산성을 증진시키고 고객에 대한 서비스를 개선시키며, 시장 지향적 활동을 보다 효과적으로 수행하는 것이다. 일선 종사원에 대한 권한 위임은 종사원의 태도와 행위 변화를 유도하여 직무 만족을 증대시키고 역할 부담과 역할 모호성을 감소시킬 수 있다. 또한 의사 결정 영향 요인, 의사 결정의 재량권이 직무 만족, 역할 부담과 관련이 있는 것으로 제시되었다. 권한 위임의 주요 이점은 고객 요구와 문제에 신속하게 대응하며, 열정적이고 우호적인 분위기에서 고객과 접촉하여 혁신적인 아이디어를 개발하고 충성 고객을 창출할 수 있다는 것이다. 권한 위임은 종사원의 태도와 행동 그리고 외부 고객에게 제공되는 서비스 수준에 지대한 영향을 미치며, 권한 위임된 종사원은 그렇지 않은 종사원보다 그들의 일을 적극적으로 수행

할 뿐만 아니라 금전적 보상보다 다른 방식으로 그들의 일을 평가한다.

## (4) 내부 커뮤니케이션

내부 커뮤니케이션(internal communication)은 내부 마케팅 활동의 모든 의사 결정 및 직무 수행에서 필수 불가결한 원동력으로 기능하며 기업의 다양한 성과에 영향을 미친다고 하였다. 내부 커뮤니케이션 활동을 통하여 조직의 문제들과 관리자 및 내부 고객의 인식과 의사를 구성원들이 공유할 수 있다. 이 같은 내부 커뮤니케이션은 조직에서 매우 포괄적이고 다차원적(multidimensional)으로 이루어진다. 내부 커뮤니케이션은 조직 내 정보 교환이라는 관점에서 정보 처리 과정에서도 영향을 줄 수 있다. 효과적인 내부 커뮤니케이션을 통하여 불확실성 감소, 조직 분위기 개선, 조직 몰입, 기능 간 협조의 효과가 있을 수 있다. 인간 관계에 대한 만족은 커뮤니케이션을 통하여 이루어지기 때문에 커뮤니케이션 능력은 아주 중요하다. 커뮤니케이션 만족은 대인 커뮤니케이션 만족, 집단 커뮤니케이션 만족, 조직 커뮤니케이션 만족으로 구분할 수 있다.

이러한 커뮤니케이션이 경영 조직 내에서 발휘하는 주요 기능은 다음과 같다.

첫째, 종업원들의 감정을 표현하고 사회적 욕구를 충족시키는 주요 수단이다.

둘째, 커뮤니케이션을 통해 감정을 표출하고 다른 사람과 교류를 넓혀 나간다.

셋째, 의사 결정을 하는 데 주요한 정보 기능을 담당한다.

넷째, 조직 구성원의 행동을 통제하는 기능을 발휘한다.

다섯째, 공식적 비공식적 경로를 통해 종업원의 행동을 통제할 수 있다.

## (5) 경영층 지원

경영자는 일상의 조직 활동에서 종사원을 계획에 참여시키고 이들에게 관심을 가져주며, 종사원의 제안에 적극적인 대응을 해주는 것 등의 노력을 기울여야 한다. 조직의 리더는 종사원의 역할 모델이므로 그들의 위치에서 나름대로 내부 고객과 외부 고객에 대한 헌신을 보여주어야 한다. 즉, 경영층 지원(management support)은 내부 마케팅의 관리 측면에서 중요한 도구이자 핵심 요소라 할 수 있으며, 종사원에 대한 적극적 지원을 통해 직무 만족도를 높이고 시장 지향적으로 변화시킬 수 있다.

## 제4절 문화 마케팅

### 1. 문화 마케팅의 개념

문화 마케팅의 역사는 고대 로마 시대 문화·예술의 전폭적인 후원자였던 정치가 메세나 (Maecenas)로부터 유래한 메세나 운동(Mecenat)을 시초로 볼 수 있다. 당시의 메세나는 이타주 의적 목적으로 문화 및 사회의 여러 분야를 지원하는 활동을 뜻하였다. 이타주의는 나보다 남을 먼저 생각하는 주의로, 행동의 목적을 타인에 대한 행복에 두며 남보다 자신의 이익을 먼저 생각하는 이기주의와 반대되는 의미이다. 그러나 오늘날의 문화 마케팅은 글로벌 기업 이 많아지면서 기업 경영 환경의 급격한 변화, 다양한 가치관과 문화적 배경을 가진 지역 등 여러 가지 다양한 상황에 직면하면서 그 의미와 개념도 진화하고 있다.

문화와 마케팅의 접목을 뜻하는 문화 마케팅은 다양하게 정의되고 있는데, 첫째, 문화적 요소를 활용한 기업 또는 상표의 가치와 이미지 형성 행위, 둘째, 문화 및 전통을 상품 또는 서비스로 보고 이를 마케팅으로 활용하는 활동으로 정의되고 있다. 현재 통용되고 있는 문 화 마케팅의 개념은 크게 문화를 위한 마케팅(marketing for culture)과 마케팅을 위한 문화(culture for marketing)로 요약될 수 있다. 이러한 문화 마케팅의 관점은 본서에서 다루고 있는 항공 관광 분야와 밀접한 관계를 갖고 있다. 문화와 관광은 각기 다른 독자적인 영역을 가지고 있지만 두 분야 모두 삶의 질에 관련되어 국민들의 문화 생활 수준이 향상되면서 그 수요가 점점 더 커지고 있다는 점에서 맥락을 같이 하고 있다.

문화와 관광의 접목은 각 분야의 경쟁력을 강화하고 우리 문화를 세계화하는 데 있어서 절실히 필요하다. 관광 산업은 문화의 산업화를 가능하게 하였고, 대중문화, 문화 산업, 음 식 문화, 최근에는 K-POP과 같은 엔터테인먼트 산업까지 다양한 문화의 범주들이 관광 상품화 되고 있으며, 문화 관광(cultural tourism)이 그 예가 될 수 있다. 먼저, 문화를 위한 마케 팅(marketing for culture)은 말 그대로 문화 자체를 알리고 영위하기 위한 마케팅을 뜻한다. 하지 만 문화에 관광을 접목시킬 경우 관광을 위한 마케팅 수단으로 문화를 의미하기도 한다. 영 국 런던의 경우 미술관, 박물관 방문객의 31%, 공연장 관객의 35%가 해외 관광객이며, 이들

해외여행객이 소비하는 돈의 41%가 예술과 관련된 지출이다. 또한 유럽의 많은 국가에서는 이미 오래전부터 문화를 전략적인 관광 상품으로 개발해 치열한 판촉과 홍보 활동을 펼치고 있다. 박물관, 미술관, 유적지, 사적 등과 같은 유형 문화재뿐만 아니라 음식, 축제, 의상 등 전통을 잇는 무형 문화재와 같은 상품들을 다양하게 개발하고 있다. 전통과 역사, 그리고 현대에 이르기까지 이들 나라의 문화 관광 상품은 수를 헤아릴 수 없을 정도로 많다. 이러한 배경에는 문화와 관광의 끊임없는 교류와 이에 대한 교육이 있었기에 가능하다. 관광의 매력이 비일상적인 문화의 체험이라는 것과 관광 대상에 대한 모든 인간의 감각이 중요한 관광 선택 결정 요인이 되므로 문화 관광은 앞으로 지속 가능한 관광의 형태가 될 것이다. 문화 관광의 범위 내에서 다양한 문화 체험이 가능한 관광이 다른 관광에 비해 사람들의 만족도가 높다고 가정한다면 관광에 있어 문화의 중요성은 매우 크다. 따라서 문화 관광의 중요성을 인식하고 문화적 요소를 관광 자원화하여 관광객들에게 즐거움을 주고 문화에 대한 이해를 도모하는 것이 관광의 필수적 요인으로 선정되어야 한다.

기업은 시장과 고객을 만족시키고 자사의 기업 이미지를 제고시키기 위한 수단으로 문화 예술 스폰서십을 통해 사회 공헌을 함으로써 문화 마케팅을 활용하고 있다. 이러한 스폰서십을 통해 기업은 문화와 마케팅을 접목하여 각종 문화 마케팅 활동을 전개한다.

마케팅은 소비자를 설득하기 위한 기업의 노력이다. 따라서 마케팅의 성공은 소비자를 잘 설득한 결과로 얻어지는 소득으로서 문화와 마케팅의 접목은 시대가 요구하는 경영 전략이라고 할 수 있다. 기업 문화는 소비자의 기억과 경험, 선택과 상품 평가에 중요한 영향을 미치는 핵심 요인이 된다. 또한 기업 내부적으로도 건전한 조직 문화를 만들어내고 구성원들이 보다 창의적인 생산을 통해 생산성을 올리고 호의적인 이미지와 조직 문화를 유치하도록 한다. 이러한 효과를 위해 문화 마케팅은 기업의 경영에 매우 중요한 방향성을 제시해 주고 있다.

기업의 문화 마케팅은 기업의 이미지 제고와 감성적 서비스 및 예술과 연관한 브랜드 관리 등 제품의 품격을 높이고자 하는 것으로 사회 공헌 전략을 넘어 마케팅 및 경영 전략으로 확대 시행되고 있다. 오늘날 기업들은 문화를 통한 마케팅으로 투자보다 더 큰 효과를 보고 있으며 이런 효과는 기업들에게 전파되고 있다. 기업 문화는 소비자의 기억과 경험, 선택과 상품 평가에 중요한 영향을 미치는 핵심 요인이 된다. 또한 기업 내부적으로도 건전한 조직 문화를 만들어 내고 구성원들이 보다 창의적인 생산을 통해 생산성을 올리고 호의적인 이미

지와 조직 문화를 유치하도록 한다. 이러한 효과를 위해 문화 마케팅은 기업의 경영에 매우 중요한 방향성을 제시해 주고 있다.

## 2. 문화 마케팅의 효과

문화의 가치를 깨달은 기업은 단순한 사회 공헌을 넘어 기업 이미지 향상과 마케팅 효과를 극대화하기 위해 문화 예술을 적극 사용하고 있다.

● [표 8-3] 문화 마케팅의 효과

| 범 주 | 기대 효과 |
|---|---|
| 기업의 정당성 | • 기업 활동 용의성 증대<br>• 기업 이미지 제고<br>• 기업 간 유대 관계 강화<br>• 투자 유치 가능성 증대 |
| 시장 우위 | • 매출 증대<br>• 브랜드 인지도 증가<br>• 고객 유치 및 유지<br>• 가격 프리미엄 획득 |
| 종업원 혜택 | • 생산성 증대<br>• 직원 확보 및 유지<br>• 조직 문화 고양<br>• 네트워킹 |

 **Quiz**

❶ 관계 마케팅의 목적을 설명하시오.

❷ 항공사의 제휴 마케팅 유형이 아닌 것을 고르시오.

① 경영 관리 제휴
② 항공 노선 제휴
③ 항공사 브랜드 제휴
④ 포괄적 마케팅 제휴
⑤ 항공사 보유 자원 공유 제휴

❸ 문화 마케팅의 효과에 대해 설명하시오.

Memo

Chapter 9

# 항공 마케팅 사례 연구

## 제1절　국내 FSC 마케팅 사례

### 1. 대한항공

#### (1) 관계 마케팅

> 👤 **관계 마케팅이란?**
>
> 고객과 지속적으로 유대 관계를 형성 및 유지하여 관계를 강화하고 상호 간의 이익을 극대화할 수 있는 다양한 활동을 중점적으로 활용하는 것으로, 과거의 마케팅은 새로운 고객 창출을 목표로 하였으나 최근의 추세는 오히려 기존 고객과의 긴밀한 관계 유지에 집중하여 고객의 충성도를 높이는 마케팅

특히 항공 상품과 같은 무형의 서비스는 고객이 물건을 직접 사용하거나 볼 수 없는 제품으로 오로지 기업에 대한 신뢰 및 타인의 추천과 같은 구전 효과에 민감하다. 신뢰를 바탕으로 한 고객 만족은 해당 서비스를 유지하고 추가적인 서비스를 구매하며 긍정적인 입소문으로도 이어질 수 있기에 관계 마케팅의 중요성이 높아지고 있다.

> 👤 **대한항공 관계 마케팅 사례**
>
> [소통채널 뉴스룸]을 신규 오픈하여 새로운 미디어 시대에 발맞춰 다양한 소식을 고객들에게 신속하게 제공하는 마케팅 전략을 활용하고 있으며 대한항공 및 한진그룹과 관련된 주요한 기업 소식과 여행,항공 분야의 유익한 정보를 제공하는 관계 마케팅을 펼치고 있다.

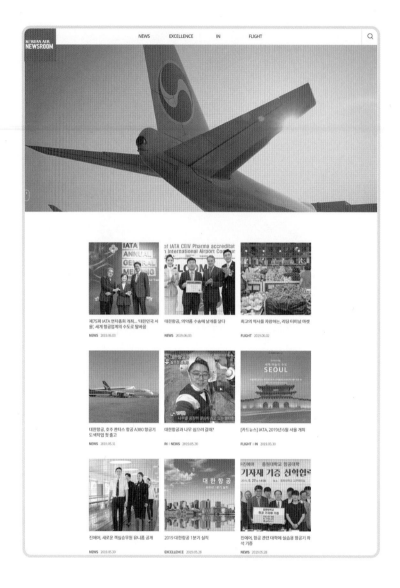

## (2) 촉진 마케팅

"유럽 어디까지 가봤니"라는 포지셔닝 접근법으로 대한항공 취항지 중 유럽 Top10을 선정하여 시리즈 TV 광고를 구성하여 고객들에게 선정된 국가들에 대한 호기심을 유발하고 대한항공 홈페이지에 직접 고객들이 투표하는 방식으로 고객의 참여를 유도하였다. "내가 사랑한 유럽 TOP 10"시리즈는 다양한 연령층의 고객이 직접 본인의 희망 여행지를 투표하게 함으로써 대한항공 노선에 대한 홍보 효과를 극대화하였다.

### (3) 행동 마케팅(act 마케팅)

**🧍 행동 마케팅이란?**

기업이 행하는 최종적 목표인 고객의 구매 행동에 영향을 주도록 소비자의 반응이나 행동을 이끄는 방법으로 고객이 기업에 해당 엽서나 문자를 보내거나 주문서를 보내게 함으로써 구매 동기를 유발하고 현장에서 직접 구매 행동을 유발하는 마케팅

대한항공에서는 대한항공– 델타항공 조인트벤처(2018년) 1주년 기념 홍보 행사를 적극적으로 준비하였다. 조인트벤처를 통해 더욱 편리해진 미국 여행을 주제로 미국 주요 도시의 특성을 이용하여 대한항공과 델타항공의 취항 도시를 홍보하면서 조인트벤처의 인지도를 제고하는 마케팅 전략을 펼쳤다. 특히 이러한 조인트벤처를 통한 미국 노선 항공권, 모형 항공기 등 경품 추첨 이벤트를 진행하여 고객이 적극적으로 행사에 참여하는 행동 마케팅의 우수사례를 보여주었다.

## (4) 사회 공헌 활동 마케팅

**🧑 사회 공헌 마케팅이란?**

단순히 기업의 이익만을 창출하기보다는 고객과 함께 더불어 생존하기 위한 '기업의 사회적 책임'에 대해 자각하기 시작하고 이러한 사회 공헌 및 기업의 책임에 대한 요소를 기업 이미지 구축에 활용하는 마케팅

국내의 주요 항공사들도 단순히 기업의 존재 가치를 회사의 이윤 추구에만 두지 않고 회사를 믿고 찾아주는 고객과 상생하기 위해 사회에서 필요로 하는 다양한 봉사 혹은 기부를 통해 기업의 이미지 확립을 위한 사회 공헌 활동을 통한 마케팅을 펼치고 있다.

[그림 9-1] 대한항공 재난 구호 활동: 강원도 산불 피해 지역에 긴급 구호품 지원

1997년 재해 지원팀을 구축한 이후 전 세계 각지에서 홍수, 태풍, 지진, 쓰나미 등 재해가 발생할 때마다 재난 구호 활동을 펼쳐왔다.

[그림 9-2] 베트남 학생들에게 '희망 자전거' 선물

대한항공 관계자들이 베트남 호아빈성 다박현 소재 탄민 초등학교에서 '희망자전거' 기증 행사를 열어 자전거를 기증한 뒤 현지 초중등생과 기념 촬영을 하고 있다. 형편이 어려운 가정이 많은 하노이 인근 지역의 학교를 선정해 통학용 자전거를 선물했는데, 어려운 환경에서도 학업에 힘쓰는 학생들을 돕기 위해 2018년부터 진행된 행사로서 사회 공헌 활동이다.

[그림 9-3] 글로벌 플랜팅(Global Planting) 프로젝트

글로벌 플랜팅 프로젝트는 몽골, 중국 등지에서 2004년부터 진행한 식림 사업이다. 이 같은 식림 활동에 따라 2004년 이래 1만 45만m² 규모에 약 12만 여 그루의 나무를 심어 지역이 녹지로 변하고 있다. 지구 온난화 등의 영향으로 인한 사막화와 황사 발생 방지를 위한 해외 나무 심기 사업이다.

## 2. 아시아나 항공

### (1) 감성 마케팅

> 👤 **감성 마케팅이란?**
>
> 소비자의 감성을 자극해 물건을 판매하는 마케팅으로 시각, 청각, 촉각, 후각, 미각 등 인간의 신체 감각을 통해 브랜드를 경험하도록 하는 오감 브랜딩이 감성 마케팅의 대표적 사례로 알려져 있다. 쇼핑은 '이성의 영역'이 아니라는 점을 강조하며 고객의 감성을 자극하는 전략

아시아나 항공은 '아름다운 사람들 아시아나 항공'이라는 문구를 활용하여 아름다운 기업, 아름가운 서비스를 제공하는 항공사의 브랜드 이미지를 활용하였다. 특히, "Fly to [    ]"는 고객에게 자신의 여행이 의미하는 바를 성찰하게 하면서 친구 혹은 부모와의 여행을 응원하고 여행의 동반자로서의 항공사 이미지를 구축하였다.

## (2) 코즈 마케팅

> **👤 코즈 마케팅이란?**
>
> 기업의 경영 활동과 사회적 이슈를 연계시키는 마케팅으로, 기업과 소비자의 관계를 통해 기업이 추구하는 사익(私益)과 사회가 추구하는 공익(公益)을 동시에 확립하면서 소비자의 호의적 반응을 이끌어내는 방법이다. 환경과 보건, 빈곤 등과 같은 사회적 문제에 대한 적극적인 참여를 마케팅과 결합하는 방식

출처: 아시아나 항공 홈페이지

이것은 기업의 대의명분(Cause)과 마케팅의 전략적 결합을 뜻하여 '코즈 연계 마케팅(Cause Related Marketing)'으로 불린다. 아시아나 항공의 가장 대표적 마케팅으로 1994년부터 한국유

니세프위원회(Unicef: 국제연합아동기금)와 함께 실시한 기내 사랑의 동전 모으기 캠페인이 있다. "기내 사랑의 동전 모으기"는 해외여행 후 남은 동전이 사장되는 것을 줄이기 위해 시작되었고, 모인 동전을 기부하여 어려움에 처한 개발 도상국 아동을 돕는 프로그램이다. 고객의 적극적인 참여 아래 기내 사랑의 동전 모으기는 아시아나 항공의 대표 사회 공헌 활동으로 자리잡았을 뿐만 아니라 새로운 기부 문화 확립에 기여하고 있다. 2014년 12월 기준 100억 원을 돌파하였고, 매년 모금액은 증가하고 있다.

## (3) 체험 마케팅

> 👤 **체험 마케팅이란?**
>
> 기업의 경영 이념 혹은 특성을 널리 홍보하기 위해 다양한 체험 기회를 고객에게 제공하는 것으로, 고객에게 이러한 프로그램에 참여하게 하거나 서포터즈로 활동하게 하여 긍정적인 기업 이미지를 심어주어 해당 기업의 서비스 선택으로 연결시키는 방법

아시아나 항공은 젊은 고객을 겨냥한 마케팅 전략으로 청년들에게 꿈에 대해 성찰할 수 있는 계기를 마련해주기 위해 해외 활동을 후원하는 '대학생 꿈 실현 프로젝트'를 실시하였다. 2011년부터 2016년까지 약 1만 1000명이 지원했을 정도로 많은 관심을 받고 있다.

● 아시아나 플라잉 마케터(대외 활동) 지원

대학생(청년)들이 항공·여행 산업을 경험해볼 수 있는 기회를 제공하는 마케팅으로 참여자가 아이디어를 제안하거나 온라인 마케팅 업무 수행, 직접 아시아나를 이용하여 여행하고 체험하는 모습들을 보여주면서 취항지 정보를 공유한다. 선발된 인원은 아시아나 항공 본사 및 격납고 등을 견학할 수 있다.

## (4) 사회 기여 활동 마케팅

아름다운 나눔

아름다운 교실

아름다운 환경

아름다운 문화

출처: 아시아나 항공 홈페이지

아시아나의 사회 공헌 활동 체계(4대 테마별 활동)

● 아름다운 나눔

아시아나 항공은 2013년부터 직원들의 정성을 담은 물품을 모아 기부하는 사랑 나누기 프로그램을 실시하고 있다. 직원들의 가정에서 더이상 사용하지 않는 물품들을 모아 NGO를 통해 기부하고 있으며 수익금은 국내 및 해외의 어려운 이웃들을 위해 사용되고 있다.

### ② 아름다운 환경

2010년 캄보디아 앙코르 유적과 2013년 베트남 다낭 호이안 고대 도시 등 세계적인 문화유산 지역에 관광 인프라 지원 및 환경 보호를 위한 '친환경 태양광 가로등' 설치 사업을 실시하였다. 친환경 태양광 가로등 1개는 어린 소나무 82그루를 심는 것과 비슷한 이산화탄소 감소 효과가 있다.

### ③ 아름다운 교실

캄보디아, 베트남, 중국, 우즈베키스탄 등에서 펼쳐진 글로벌 교육 기부 활동으로 아시아나 항공 임직원이 직접 현지를 방문해 교육 기자재를 기부하고 특별 수업을 실시하는 현지 밀착형 사회 공헌 활동이다.

## (5) 인플루언서 마케팅

#### 🧍 인플루언서 마케팅이란?

20세기 이후 가장 활발한 모든 세대의 소통 방식인 소셜 네트워크 서비스(SNS)에서 수십만 명의 구독자를 보유한 'SNS 유명인' 혹은 인플루언서(influencer)를 후원하여 제품 사용 후기 등을 올리는 방식의 마케팅으로 대부분의 기업이 활용하는 방식

1990년대 이후 IT(Information Technology) 기술의 급격한 발달로 온라인 마케팅 시대가 열렸다. 이러한 발전은 항공권 구매 방식에도 막대한 영향을 주게 되었다. 특히, 항공 상품처럼 미리 사용해볼 수 없는 상품에 대한 선경험자의 구전 효과가 매우 중요해졌다. 아시아나 항공은 중국 내 영향력 있는 SNS 인플루언서를 한국으로 초청하여 아시아나 항공 시설을 견학시키고 한국의 매력을 소개하는 마케팅 전략을 펼쳤다. 특히 현지인 인플루언서가 한국 문화와 항공사 업무를 경험하고 공유함으로써 한국 관광지의 소식을 전파하고 나아가 아시아나 항공사의 항공 문화 체험 활동 홍보를 통해 글로벌 브랜드 이미지를 제고하는 데 큰 효과를 보았다.

 ## 제 2 절    저비용 항공사 마케팅 사례

### 1. 에어서울

#### (1) 소셜 마케팅

에어서울에서는 매주 수요일마다 승객과의 활발한 소통을 위해 인스타그램을 마케팅에

활용하고 있다. '수요일의 민트', 즉 'SUYOL MINT LIVE'의 약자를 내세워 라이브 방송을 하고 시청하고 있는 사람들에 한해서 항공권을 추첨하여 0원에 증정하는 이벤트도 진행하였다. 저비용 항공사의 특성상 충성 고객 유치가 어려운데 이러한 소셜 마케팅을 통하여 충성 고객을 확보하고 젊은층을 타깃으로 항공권 또한 무료로 증정하고 있다. 이런 마케팅 전략을 통해 저비용 항공사에 대한 관심을 유발하고 브랜드 인지도를 상승시킬 수 있다.

출처: 메트로신문(www.metroseoul.co.kr)

## (2) 체험 마케팅(민트원정대)

대학생들에게 해외 탐방 대외 활동을 지원하면서 민트원정대라는 이름으로 체험 마케팅을 실시하였다. 원정대에 선발되면 각자 선택한 여행지에서 1년 동안 자유롭게 탐험한 후 항공기 이용 후기, 취항지 소개 등 여행 과정을 브이로그(Vlog)로 제작하고 생생한 후기를 남겨 에어서울의 잠재 승객들에게 유용한 정보를 제공하는 것이 취지이다. 이러한 마케팅 전략은 민트원정대에 지원하는 참여자를 해당 항공사의 잠재 고객으로 만드는 동시에 아직 이용해 보지 않은 승객들에게도 유익한 정보를 제공한다는 점에서 홍보 효과가 크다.

출처: 서울경제(https://www.sedaily.com)

## 2. 이스타 항공

### (1) 제휴 마케팅

> 👤 **제휴 마케팅이란?**
>
> 제품이나 서비스를 판매하는 기업이 고객 확보를 위해 제품/서비스를 진열, 판매하는 공간을 다른 기업과 협업을 통해 확장하면서 발생하는 이익을 함께 공유하는 마케팅 방법

출처: 이스타항공 홈페이지(www.eastarjet.com)

항공 상품은 호텔 및 관광 산업과 유기적 관계를 이루고 있기 때문에 여행객의 입장에서는 교통, 숙박, 음식과 여흥 거리 등을 함께 고민한다. 따라서 환대 산업 분야에서는 유관 기업 간의 제휴 혹은 협업이 매우 중요하다. 이스타 항공에서는 저비용 항공사 간의 치열한 경쟁을 이겨내기 위해 공항 라운지 기업과 업무 제휴를 통해 허브 라운지 이용 요금의 최대 50% 할인 이벤트를 진행하며 당일 이스타 항공의 이용 승객에 한하여 탑승권 소지 시 라운지를 저렴한 가격에 이용할 수 있도록 편의를 제공하였다. 이러한 제휴 마케팅은 저렴한 가격의 저비용 항공사를 이용하는 고객에게도 품격있는 라운지 서비스를 제공한다는 인식의 변화를 유도하며 잠재 고객을 확보할 수 있는 기회를 만들어준다. 이것은 비용 측면만을 내세우기보다는 고객의 니즈와 소비 트렌드를 반영하여 기업의 부가가치를 창출하는 마케팅 전략이다.

### (2) 프로모션 마케팅

> 🧍 **프로모션 마케팅이란?**
>
> 전략을 수립해 제품이나 브랜드, 서비스 기능 및 효과를 타깃이 되는 고객에게 알려 인지도를 높이고 판매를 진작시키는 마케팅 방법

저비용 항공사를 선택하는 고객의 가장 핵심적인 선택 요소는 가격이기 때문에 항공사마다 가격 인하와 관련된 다양한 프로모션 마케팅을 실시하고 있다. 이스타 항공은 주기적으로 프로모션 마케팅을 활용하고 있다. 예를 들어, 특정한 요일과 특정한 시간에 매번 다른 노선의 항공권을 특가에 판매하고 있는데 해당 월 출발 임박 편을 대상으로 하기 때문에 갑작스러운 여행을 계획하는 승객들에게 인기 있는 마케팅 전략이다.

출처: 전민일보 http://www.jeonmin.co.kr/com

## 3. 에어부산

### (1) 사회 공헌 마케팅

에어부산은 사회 공헌 마케팅을 기반으로 가족 여행 지원 사회 공헌 활동인 '행복 활주로 가족 여행'을 실시하였다. 2017년부터 3년째 실시되고 있으며 평소에 여행가기 어려운 가정을 대상으로 가족 여행을 지원해주는 에어부산의 대표적인 사회 공헌 활동으로 평가받고 있다. 에어부산의 캐빈 승무원들로 구성된 'Blue Angel'이라는 봉사 동아리는 매월 보육원, 양로원 등을 대상으로 방문 봉사를 진행하고 있으며 연말 바자회를 통해 수익금 전액을 기부하고 있는데, 부산 지역의 상징적인 항공사로서 지역 주민들을 위한 사회 공헌 활동을 많이

진행하고 있다는 긍정적 평가를 받는다. 특히 입사 교육에서 봉사 정신을 필수 교육으로 지정하여 브랜드 이미지를 제고하는 마케팅 효과를 쌓아가고 있다.

출처: 서울파이낸스(http://www.seoulfn.com)

출처: 서울파이낸스(http://www.seoulfn.com)

### (2) 제휴 마케팅

저비용 항공사의 특징 중 하나는 수하물 허용량을 줄이고 항공 상품의 가격을 저렴하게 책정하는 것이다. 승객의 입장에서는 수하물이 부담스러운 경우가 종종 발생한다. 에어부산은 이러한 고객의 불편함을 줄이고 기업의 광고 효과를 위해 제휴 마케팅을 선보이고 있다. 타기업과의 제휴를 통해 특정 노선 이용객을 대상으로 공항 및 호텔로 여행객의 수하물을 배송해주는 서비스를 제공한다. 짐으로 인해 생겨나는 불편을 겪은 고객을 배려한 제휴 마케팅 사례이다.

출처: 매일일보(http://www.m-i.kr)

## 4. 제주항공

### (1) 차별화 마케팅

> 🔲 **차별화 마케팅이란?**
>
> 차별화 전략은 경쟁 기업의 서비스보다 독특하거나 가치가 있는 상품을 제공함으로써 시장에서 독점적 우위를 선점하는 전략

🔲 **페어 패밀리 운영(Fare Family)**

　　1) 플라이(Fly + 위탁 수하물 없음)
　　2) 플라이백(Fly + 위탁 수하물 15kg 이내 무료)
　　3) 플라이백 플러스(Fly + 위탁 수하물 5kg 추가 및 기타 추가 서비스 제공)
　　　　(여정 변경 수수료 면제, 우선 탑승 서비스, 기내 웰컴 스낵 등 추가로 제공)

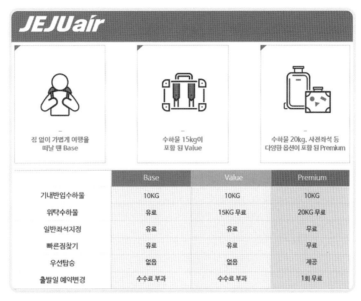

출처: 제주항공 홈페이지

차별화는 경쟁 기업과는 다른 기술 혹은 서비스를 제공하는 것인데, 제주항공은 다른 국내 저비용 항공사와 다르게 특가 운임, 할인 운임, 정규 운임 등 세 가지 단계로 구분했던 국제선 운임 체계를 변화시켜 승객에게 다양한 선택권을 제시하는 차별화 마케팅을 선보이고 있다. 이러한 세분화 전략의 핵심은 위탁 수하물 유무와 상관없이 동일한 운임을 내던 방식을 변경하여 이용자들의 소비 흐름 패턴에 맞춰 맞춤 서비스를 제공하는 것이다.

> **거점 다변화 마케팅이란?**
>
> 국내 다른 항공사들이 수도권 공항에 집중하고 있으나 향후 지방 공항의 발전 가능성을 기대하면서 거점 다변화로 다양한 고객을 확보하는 마케팅 전략

### (2) 거점 다변화 마케팅

제주항공은 지방 출발 국제선 여객 비중이 처음으로 20%를 넘어서며 거점 다변화를 통한 지속 가능한 성장의 기반을 마련하고 이를 집중적으로 홍보하는 마케팅 전략을 선보이고 있다. 출입국 인프라가 수도권에 집중된 구조를 변화시켜 지방 출발 여행 편의를 높여 이

용자를 늘리고, 지방 도시를 찾는 외국인 여행객 등 새로운 수요를 창출하여 지속 가능한 성장 기반을 목표로 한다. 제주항공은 2018년 한 해 동안 인천 국제 공항과 김포 국제 공항을 제외한 김해와 제주, 무안, 대구, 청주 등 전국 5개 공항에서 모두 156만 2,800여 명의 국제선 여객을 성사시켰다. 이러한 마케팅 전략으로 전체 국제선 여객 728만 4,520여 명의 21.5%를 차지하면서 전체 국제선 여객 중 지방에서 출발하는 국제선 여객이 20%를 상향하는 성과를 이끌었다.

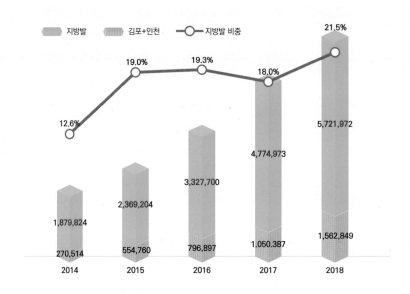

[그림 9-4] 제주항공 2014~2018년 권역별 국제선 탑승객 추이

## 5. 티웨이 항공

### (1) 이색 협업 마케팅

> 👤 **협업 마케팅?**
>
> 타분야의 기업과 협업을 통해 제품이나 서비스의 디자인, 상품화 및 판매 등의 과정에서 양자의 적극적 의견 공유 및 협력을 강조하는 마케팅

출처: 리더스 경제          출처: 생활경제

    티웨이 항공은 국내 화장품 회사와 공동으로 화장품을 개발하고자 객실승무원들이 직접 제품을 선정하고 사용 후 효능 등에 대한 활발한 의견을 제시하는 협업 마케팅을 활용하였다. 승무원을 대상으로 한 뷰티 클래스를 시작으로 활발한 협업을 진행하고 이와 연관해서 뷰티 클래스, 신제품 개발, 공동 프로모션 등 다양한 협업 활동을 이어나갈 계획에 있다. 이런 객실승무원의 참여 활동을 통해 티웨이 항공이 국적 항공사 중 최초로 객실승무원들의 헤어 스타일 규정을 없애고 개인에게 맞는 메이크업을 통해 각자의 개성과 스타일을 더욱 존중한다는 기업의 이미지를 제고하고 있다.

### (2) 안전 홍보 마케팅

    티웨이 항공은 항공 상품의 가장 핵심적 요소인 안전성을 강조한 TV 홍보를 선보이고 있다. "완전한 안전은 없습니다.", "우리의 안전신고, 우리에게 안전신호"등과 같이 임직원들을 대상으로 진행한 안전 캠페인의 표어 당선작을 적극 활용하여 홍보 포스터를 사내 곳곳에 부착하고 안선 관련 내용을 TV 등에 전면적으로 홍보하고 있다.

출처: 티웨이

특히, 소방관 복장을 착용한 승무원과 화재 진압 및 장애물 극복 훈련 영상을 담아 "하늘에서는 저희(승무원)가 소방관이잖아요"라는 문구를 활용하여 안전 항공사 이미지를 심는 마케팅 전략을 활용하였다.

### (3) PPL 마케팅

> 👤 PPL 마케팅이란?
>
> 특정 기업의 협찬을 대가로 영화나 드라마에서 해당 기업의 상품이나 브랜드 이미지를 소도구로 나타나게 하는 광고 기법

출처: 티웨이항공

티웨이 항공사가 특정 드라마의 제작 지원 및 관련 이벤트 행사를 통해 자사 브랜드를 홍보하는 PPL 마케팅을 진행하였다. 해당 드라마의 본 방송을 사수하고 방송을 시청하는 본인 혹은 지인의 모습을 사진이나 동영상으로 저장해 티웨이 항공의 이벤트 페이지 또는 소셜 네트워크 서비스(SNS)에 인증샷을 올리면 추첨을 통해 선물을 증정한다. 이러한 마케팅으로 소비자들에게 더욱 친밀하게 다가가는 항공사 이미지를 구축하였다.

## 6. 진에어

### (1) 진에어 드라마(JIN AIR DRAMA)

JIN AIR DRAMA - First Holiday (episode #1)
진에어 [JIN AIR]
구독 3.9천
조회수 12,737회

배우가 아닌 실제 진에어 직원들이 출연하여 촬영한 진에어 드라마이다. 홍보를 위해 First Holiday 라는 드라마를 만들었으며, 현재 에피소드 #5까지 유튜브에 영상이 있다. 에피소드 #1은 조회수 1만 2천회를 넘길 만큼 인기를 끌었으며, 영상에 영어 자막을 삽입하여 세계적으로 인기를 끌었다.

### (2) 가상 현실 마케팅

> 👤 **가상 현실 마케팅?**
>
> 컴퓨터상에 구축된 가상의 세계에서 사람이 실제와 같은 체험을 할 수 있도록 하는 최첨단 기술을 활용하여 인공 현실, 사이버 공간, 가상 세계를 체험하게 하는 전략

진에어는 기내에서 게임과 영상 등을 VR로 즐길 수 있도록 헤드셋을 대여해주며 탑승객은 이 VR 헤드셋을 통해 360도로 영상을 감상할 수 있다. 보드게임, 공연, 다큐멘터리, 스포츠 등 200여 개의 콘텐츠를 VR로 즐기도록 하는 VR 마케팅을 선보이고 있다. 진에어는 흔들리는 기내 환경과 한정된 좌석 공간을 고려해 적절한 콘텐츠를 선별하여 이용객의 어지러움을 최소화하고 안전하게 이용할 수 있도록 하였다. 특히, 미리 신청한 승객 중 편당 3~5명을 선정해 무료로 VR 서비스를 제공하고, 시범 운영이 끝난 뒤 안전성을 검토하고 고객 선호도를 분석하여 유료 서비스에 들어갈 계획을 진행 중이다.

## (3) AI 기반 마케팅(Google 어시스턴트 서비스 제이드)

> 🧑‍💼 **AI 기반 마케팅?**
>
> 21세기는 4차 산업혁명 및 인공 지능의 개발로 기존의 마케팅 방식에 많은 변화를 예고하고 있다. 인공 지능(AI) 서비스를 제공하여 고객이 원하는 정보를 실시간으로 제공하는 마케팅 전략

진에어 항공사는 AI 서비스 시행 비서가 사람의 언어를 인식하고 분석해 고객의 질문에 적합한 답변을 제공한다. 고객들은 휴대전화로 구글 어시스턴트 앱에 접속하거나 홈 버튼을 길게 눌러 구글 어시스턴트를 실행한 뒤 "진에어" 또는 "진에어 알려 줘" 등의 표현으로 대화를 시작하면 해당 답변을 얻을 수 있다. 주로 진에어 항공편 출도착 및 스케줄 조회, 수하물 규정, 서비스 안내 등의 업무와 관련된 정보가 제공된다.

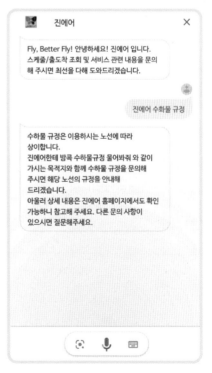

## 제3절   해외 항공사 마케팅 성공 사례

### 1. 스쿠트 항공

출처: 세계여행신문

스쿠트 항공은 페이스북 광고를 통해 치열한 항공 경영 시장에 진입하는 신생 항공사로서 적극적으로 브랜드 인지도를 구축하고 입소문 효과를 통해 관심도를 높이는 한편, 일본 운항 서비스 개시에 맞추어 탑승권 판매를 유도하고자 했다. 브랜드에 인간미를 부여하고 궁극적으로는 탑승권의 매출을 높일 수 있는 콘텐츠를 만들어 내는 데 집중하면서, 게시물마다 여행에 대한 젊고 재미있는 접근 방식을 담는 마케팅 전략을 활용하였다. '비행기의 이름을 지어주세요' 캠페인에서는 팬들에게 스쿠드 항공의 최초 비행기 두 대의 이름을 짓도록 하여 소비자의 관심을 유도하였다. 또한 도달 범위를 확장하고 페이지 커뮤니티를 활성화하기 위해 데스크톱과 모바일 뉴스피드에 페이지 게시물 광고를 게재하고 있다.

### 2. 사우스웨스트 항공

"불필요한 서비스 없는 초저가 비행기로 텍사스주의 주요 도시를 연결하면 어떨까"라는 아이디어에서 시작한 사우스웨스트 항공은 초반에는 대형 경쟁사들 사이에서 힘들었지만 저렴한 가격과 잦은 운항, 직원들의 헌신으로 설립 3년 째인 1973년부터 흑자 행진을 하고 있다. 비행기 유지 보수비, 재고 관리비, 직원 연수비를 줄이고, 보잉737이라는 한 가지 항

공기 타입을 사용하였다. 특히, '비행기는 하늘에 떠 있을 때 수익을 낸다'라는 경영 이념으로, 비행기 착륙에서 다음 비행까지 준비하는 시간을 10분으로 축소하는 등의 노력을 기울였다. 미국 항공사 중 가장 낮은 자기 자본 대비 부채 비율 49%로 업계 최고의 신용을 자랑하고 있다.

캘리 허는 "직원을 잘 대우해야 직원이 여행객에게 좋은 서비스로 보답한다. 그리고 여행객은 다시 사우스웨스트를 이용할 것이며, 우리는 다시 행복해진다"라는 경영 이념으로 내부 인적 관리에 집중하였다. 다른 항공사보다 직원의 수는 적지만 직원의 생산성이 매우 높고 회사에 대한 충성도가 높은 회사를 만들었다.

> 🧍 **내부 마케팅 ?**
>
> 서비스 품질 개선을 위한 내부 고객 관리의 대표적 '내부 마케팅(internal relationshuip)'은 조직 문화 형성, 신입사원 적응 및 훈련, 동기 부여 등의 효과가 크며 직원의 권한을 강화하여 능동적 업무 참여를 유도하는 마케팅

## 3. 싱가포르 항공

싱가포르 항공은 세계 항공업계에서 수익률이 가장 높은 회사로서 매년 900만 명 이상의 승객을 운송하고 있다. 최고의 서비스 품질을 추구하는 것이 성공 요인이라 할 수 있다. 항공 시장에 진입할 때는 다른 대형 항공사에 비해 규모가 크지 않았기 때문에 환대와 감동을 주는 싱가포르의 전통적  서비스를 기반으로 싱가포르 항공사만의 차별화된 전략을 내세웠다.

① 세계 최초로 완전히 눕힐 수 있는 좌석을 기내에 설치

② 이코노미석 손님도 식사 메뉴 선택권 부여

③ 경쟁사보다 승무원을 더 많이 배치함

④ 서비스에 대한 규제를 받지 않기 위해 국제 항공운송협회(IATA)에 일부러 가입하지 않음

또한 '싱가포르 아가씨(Singapore Girl)'라는 동일한 주제의 광고를 반복적으로 진행하여 아시아 국가 고유의 부드럽고 정중한 서비스를 제공하는 국제 항공사라는 이미지를 정착시키는 데 크게 이바지하였다.

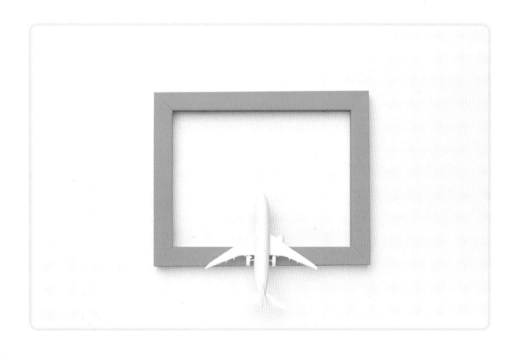

**Quiz**

❶ 다음은 국내 주요 항공사 중 어떤 항공사의 ○○ 마케팅에 대한 설명인가?

> 기업의 대의명분(Cause)과 마케팅의 전략적 결합을 뜻하여 ○○ 마케팅이라 한다. ○○○○ 항공의 가장 대표적 마케팅으로 1994년부터 한국유니세프위원회(Unicef: 국제연합아동기금)와 함께 기내 사랑의 동전 모으기 캠페인을 실시하고 있다. "기내 사랑의 동전 모으기"는 해외여행 후 남은 동전이 사장되는 것을 줄이기 위해 시작되었다.

❷ 다음 설명은 어떤 마케팅에 대한 것인가?

> 단순히 기업의 이익만을 창출하기보다는 고객과 함께 더불어 생존하기 위해 '기업의 사회적 책임'을 자각하고 이러한 사회 공헌 및 기업의 책임에 대한 요소를 기업 이미지 구축에 활용하는 마케팅

① 협업 마케팅      ② PPL 마케팅

③ 사회 공헌 마케팅      ④ 체험 마케팅

❸ "직원을 잘 대우해야 직원은 여행객에게 좋은 서비스로 보답한다. 그리고 여행객은 다시 우리 항공사를 이용할 것이며, 우리는 다시 행복해진다"라는 경영 이념으로 내부 인적관리에 집중하여 다른 항공사보다 직원의 수는 적지만 직원의 생산성은 매우 높은 우수 사례를 보여준 항공사는?

① 제주 항공      ② 사우스웨스트 항공

③ 에어아시아      ④ 싱가폴 항공

Memo

## Chapter 10

# 패키징 및 프로그래밍

Chapter

# 10

## 제1절   패키징과 프로그래밍의 정의

### 1. 패키징과 프로그래밍

패키징을 말하기에 앞서 패키지(package)는 물품의 매매, 운송과 그 밖의 유통 경제면의 처리에 있어서 그 상품 내용과 외형을 보호하며 또 그 가치를 유지하기 위해 적절한 재료로 물품 위에 포장되는 기술적인 작업과 그 작업된 상태를 의미한다.

그리고 관광 분야에서는 여행 상품의 한 종류인 패키지 여행에서 패키지라는 단어가 사용되며, 패키지 여행이란 여행사가 사전에 여행의 소재를 대량으로 구입하여 기획, 생산해낸 여행사가 주최하는 여행 상품으로서 지속적으로 일정한 기간 동안 여행사를 통하여 목적지에 보내는 기획된 여행 상품을 의미한다. 보다 구체적으로 살펴보면 관광진흥법 제2조 2항 2에는 "패키지 여행은 여행업을 경영하는 자가 국외 여행을 하고자 하는 여행자를 위하여 여행의 목적지, 일정, 관광자가 제공받을 운송 또는 숙박의 서비스 내용과 그 요금 등에 관한 사항을 미리 정하고 이에 참가하는 여행자를 모집하여 실시하는 여행을 말한다."라고 정의되어 있다. 한국관광공사는 여행 유형을 개별 여행, 전체 패키지, 부분 패키지로 구분하고 있는데, 여기서 개별 여행은 여행의 모든 준비를 여행자가 직접 준비하는 여행이며, 전체 패키지 여행은 여행의 전체 일정을 여행사에서 기획한 여행, 부분 패키지 여행은 항공권 및 숙박권은 패키지로 구입하고 관광은 여행자가 직접 준비하는 여행으로 정의하고 있다.

패키징(packaging)의 어원을 살펴보면 여러 서비스 요소를 결합하여 시스템 상품으로 만드는 것을 의미한다. 관광 분야에서 패키징이란 다양한 서비스를 고객에게 제공할 수 있도록 편리한 제공물로서 결합하는 것을 의미한다. 즉, 관광 기업들이 상호 관련되거나 보완 관계에 있는 서비스를 단일 가격 체계 내에서 결합하는 활동을 패키징이라고 하며, 이를 관광객으로 하여금 관광 행동을 구체적으로 일으키게 하는 상품이 패키징 상품인 것이다. 관광 서비스를 구매하는 관광객은 여러 가지 개별적 서비스를 따로 구입하는 것보다 포괄적인 시스템으로 구입하는 경우가 많다. 그러므로 이러한 요구에 부응하기 위해 관광 서비스의 패키징에 어떤 서비스를 포함시킬 것인가 하는 문제는 관광 기업의 성패를 좌우할 정도로 중요

하다. 또한 이 패키징는 관광객의 선택에 소요되는 시간 절약의 욕구와 결합되어 점차 이용이 확대되고 있으므로 관광 기업에서는 그것을 체계적으로 기획하고 고안하여 평가하기 위한 노력을 해야 한다. 그리고 프로그래밍(programing)이란 현재 관광 기업이 제공하는 서비스에 추가적인 가치가 부여되도록 특별히 기획된 행사나 활동을 뜻하는 것으로 프로그래밍은 관광객의 구매를 자극하는 한편 그들이 특정 서비스나 패키지 상품에 지속적인 관심을 갖도록 만드는 데 유용하다. 이는 관광 상품의 특성인 소멸성과 수요 예측이 어려운 문제점에 대처하기 위한 유효한 방법이라는 점에서 중요하고 특정한 목표 관광 시장의 요구에 부합되는 서비스를 제공하는 데 필요한 수단이 되고 있다. 그리고 여러 관광 기업의 서비스를 결합해서 제시하기 때문에 관광객에게 편리성을 제공하는 한편 가격의 저렴화로 관광객의 이용률을 높여 지속적인 관심을 갖도록 만드는 데 유용하다.

패키징과 프로그래밍은 특정한 고객의 욕구를 만족시키는 맞춤 상품이다. 패키징과 프로그래밍은 서비스에 대한 수요가 가장 낮을 때 서비스를 판매하는 데 있어 중요한 역할을 한다. 관광 산업이 제공하는 서비스는 가치 소멸성을 지니고 있기 때문에 오늘 판매하지 않으면 그것은 영원한 상실을 의미한다. 패키징은 더 싼 가격에 여행을 용이하고 간편하게 만들어주는 데 그 의의를 둔다.

오늘날의 소비자들은 완전한 상품이나 서비스를 구매하고 싶어 한다. 여행 경험 역시 완전한 패키지로서 소비자에게 제공할 수 있다. 패키지는 여행 경험의 모든 요소를 포함하기도 하고 일부만 포함하기도 한다. 즉, 패키지는 프로그래밍의 요소를 자체에 포함하고 있어서 패키징과 프로그래밍은 불과분의 관계에 있다고 할 수 있다. 예를 들면, 의료 관광을 목적으로 한국을 방문하는 의료 관광객의 의료 관광 상품에는 항공편 예약, 의료 서비스, 숙박 수배는 물론이며 현지 관광 및 쇼핑 등의 다양한 프로그램들이 포함되어 있다.

패키징은 여러 번 구매할 것을 한 번에 할 수 있게 해주고 가격의 이점도 있기 때문에 소비자에게 그 구매를 더욱 매력적으로 만들어 준다.

## 2. 패키지 여행 상품의 특성

패키지 여행 상품의 장단점을 살펴보면 관광자 측면에서의 장점은 편리성과 심리적 안정감, 여행 경비를 예측할 수 있는 경제적 이점이 있으며, 단점은 개인의 자유를 제한한다는 점

을 들 수 있는데, 이는 상품의 기획 단계부터 이미 일정이 정해져서 관광자 개인의 자유가 제한된다는 것을 의미한다. 또한, 패키지 여행 상품은 능동적 관광보다는 수동적 관광이 되기 쉬우며, 개개인의 만족도에 따른 계약의 변경 또는 환불 등의 요구가 쉽게 수용되지 못하는 단점이 있다.

패키지 여행 상품의 공급자인 여행사 측면의 가장 큰 장점으로는 새로운 표적 시장에서의 접근이 가능하며, 단체 관광객 대상의 행사 및 시설 대관 등의 편리성이 있으며 새로운 여행 추세에 대해 미리 예측할 수 있다는 점이다. 그러나 관광자 측면의 단점과 마찬가지로 개개인의 만족에 대한 통제가 쉽지 않으므로 불만족 영향력이 강하다는 것이 단점이라 할 수 있다.

앞서 말했듯이 패키지 여행 상품은 기획 상품의 하나로서 여행사가 미리 여행 소재를 대량으로 구매하여 기획 생산해내는 주최 여행 상품으로써 계속하여 일정 기간 송객하는 기업 여행 상품을 의미한다. 이러한 패키지 여행 상품은 지상, 교통, 숙박 식사, 여흥 등 다양한 서비스들을 포함하고 있으며, 가장 큰 매력은 이러한 요소들을 개별적으로 구매하는 것보다 훨씬 경제적이라는 점을 들 수 있다.

패키지 여행 상품의 특성은 다음과 같다.

첫째, 여행사가 항공기의 좌석, 호텔의 객실 등을 일시에 대량으로 구입해 두었다가 이들을 세트화하여 여행 상품으로 판매한다.

둘째, 패키지 여행 상품은 그것을 기획한 여행업이 도매점의 역할을 담당하며, 판매를 담당하는 여행사는 소매점의 역할을 담당한다.

셋째, 패키지 여행 상품은 각 소재의 대량 구입으로 가격 인하의 효과를 가져와서 대중화에 이바지한다.

## 제2절  패키지 여행 상품

### 1. 패키지 여행 상품의 구성 요소

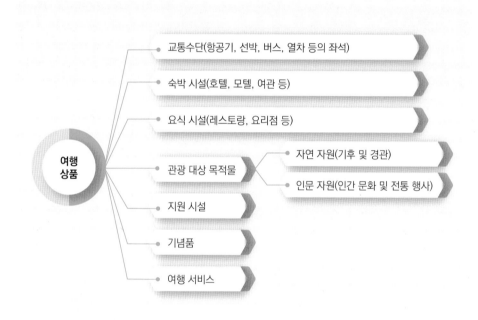

[그림 10-1] 여행 상품의 구성 요소

[그림 10-1]에서와 같이 각종 요소의 결합으로 이루어지는 패키지 여행 상품은 어느 여행사에 의해서도 주문 생산되거나 또는 업체 계획하에서 생산될 수도 있다. 즉 숙박, 식사, 운송, 안내, 관광 등의 프로그램에 의하여 여행은 상품으로서 판매되는 것이며, 이러한 여러 가지 요소가 시간적으로나 기능적으로 잘 구성되어 효과를 충분히 발휘한다면 그것이 곧 고객이 만족할 수 있는 여행 상품이 되는 것이다. 한편 여행 상품을 이루는 구성 요소를 여행사와 관계를 맺고 있는 업체별로 크게 나누어 열거하면 다음의 [표 10-1]과 같다.

● [표 10-1] 여행 상품 선택 속성의 관련 업체별 분류

| 업 체 | 구성 요소 |
|---|---|
| 운송기관 | 항공기, 선박, 버스, 열차 등의 좌석 |
| 숙박업체 | 호텔, 여관, 모텔 등의 객실 및 연회장 |
| 요식점 | 레스토랑, 홀, 요리점 등에서의 식음료 및 서비스 |
| 여행용품 | 여행에 필요한 비품(복장, 카메라, 안내서, 의약품 등) |
| 여행지 | 문화, 역사 풍속, 기온 기후, 산업, 예술, 스포츠, 박물관, 스키장 등에서의 관광 행위 및 레저 활동 |
| 여행 정보 | 안내서, 지도 카달로그, 영화, TV, 방송 등 |
| 기념품 | 공예품, 민예품, 주류, 담배 등 |
| 수 속 | 여권, 비자, 예방주사, 각종 여행 보험, 환전 등 |

결국 패키지 여행 상품의 속성은 여행 상품의 종류와 형태에 따라 그 범위와 내용이 달라질 수 있으며, 이는 또한 그 시대와 사회, 문화적인 영향에 의해서도 변화할 수 있다. 그러나 여행 상품의 구성 요소에는 기본적으로 관광 대상과 자원을 포함하는데, 이곳을 방문함에 있어서 필요하고 수반되는 모든 물적·인적 서비스를 포포괄하는 것이 패키지 여행 상품이다.

패키지 여행 상품의 세부적인 구성 요소는 다음과 같다.

### (1) 관광 매력물

관광지들은 관광 매력물로 관광지들로 이루어져 있으며 관광지 매력성, 관광지 편의성, 관광지 근접성 등의 여행 상품의 속성들을 가지고 있다. 이러한 속성에 따라 여행자들은 유사 관광지로 대체할 수 있는 선택 행동을 할 수 있다.

### (2) 숙박 시설

숙박 시설은 장거리 여행에서 필수 요소이다. 호텔, 모텔, 콘도미니엄, 여관 등의 숙박 시설을 이용하게 된다. 이 숙박 시설들이 가지는 속성들은 이미지, 편의성, 관리 상태, 서비스, 가격 등의 속성으로 여행자들의 여행 상품 선택 기준이 된다.

### (3) 식사

다음은 여행 중의 식사 문제를 들 수 있다. 식사 문제로 실제 여행에 있어서 곤란을 겪는 사람들이 의외로 많으며 식사 문제가 여행의 중요 속성이 되는 사람도 의외로 적지 않다. 따라서 식사 문제의 속성들이 여행 상품 선택에 많은 영향을 끼치기도 한다. 이러한 속성들은 식사의 특수성, 즉 유명한 식사, 현지의 특별한 식사 등이며 다음으로 식사에 대한 편의성으로 자신의 구미에 맞는 식사, 한국식 식사, 편리함, 익숙한 식사 등의 문제이다. 그다음으로는 식사의 환경 문제로서 예를 들면, 식사의 분위기, 조명, 음악, 서비스의 특수한 방법 등 식사를 위한 환경을 중시하는 특성들로 이루어져 있다. 이어서 식사에 대한 적절성으로 식사의 가치, 질, 가격의 적절함 등을 말한다.

### (4) 쇼핑

여행 중의 쇼핑 활동은 여행 상품 선택에 중요 변수로 작용되는 속성을 가진다. 쇼핑의 속성 중에는 특산품의 속성, 유명 상품에 대한 속성, 국산품과 비교되는 외국 상품에 대한 속성들이다. 특산품을 예로 들면 고유 기념품, 토산품, 특별한 디자인 상품 등이 있으며 유명 상품에 대한 속성은 예를 들면, 유명 상표, 평판, 선입관 때문에 여행 중에 구매하는 쇼핑 상품이고 또 비교 상품은 국내에도 생산이 되나 여행 중 가격, 품질이 국내 제품보다 좋기 때문에 구매하고자 하는 쇼핑 활동이다.

### (5) 가이드 서비스

관광을 준비하면서부터 관광을 종료할 때까지 고객을 관리하고 통솔하는 서비스이다. 관광 수요의 양적 증가에 따른 여행업의 구조, 기능적인 질적 변화와 요구가 높아지고 있는데, 이중 여행업의 바람직한 대사회적 관계에 있어서 국외 관광 인솔자의 역할이 보다 중요시되고 있다. 즉, 관광자의 권익 향상의 연결 고리를 실질적으로 담당하는 것이 인솔자의 역할이다. 관광자에 있어서 국외 관광 인솔자는 관광 일정표에 따라 여행사를 대표하여 행사 진행을 원활히 수행하고, 관광자의 의사 대변 역할을 도모하여 관광의 목적을 달성하게 해주는 역할을 담당하는 사람이다. 즉, 국외 관광 인솔자는 회사의 입장과 관광자의 입장에서 만족과 불만족을 가져다 줄 수 있는 위치에 있다.

## 제3절    패키지 프로그래밍 참가

### 1. 패키지 프로그래밍에의 참가

패키지 프로그램은 고객의 수요를 예상하여 미리 구성 소재를 대량으로 구입, 결합, 판매함으로서 관광 기업의 생산 체제를 종전의 주문 생산 체제에서 기성 생산 체제로 변환시켰다. 관광 기업의 생산성은 크게 향상되었고 패키지 프로그램의 범위도 확대되었다. 그러나 모든 관광 산업 상품 서비스가 패키징을 하고 있는 것은 아니다. 할인된 가격의 패키지 프로그램 상품에 참가하는 것이 손해가 되는 기간이 있으며, 잘 팔리는 패키지가 있는 반면 팔리지 않는 패키지도 있다. 패키지를 제작하거나 누군가의 패키지에 참여할 때 먼저 고려해 보아야 할 사항에는 다음과 같은 것이 있다.

첫째, 참여함으로써 우리 상품이나 서비스가 얻게 될 혜택은 무엇인가?

둘째, 패키지에 참여하는 것이 우리 상품이나 서비스 이미지에 유리하게 작용하는가 아니면 해가 되는 가?

셋째, 패키지에 우리 상품이나 서비스를 제공함으로써 예상되는 위협은 무엇인가?

넷째, 이 패키지에 참가한 파트너들이 우리의 고객들을 행복하게 할 수 있는 것인가?

다섯째, 누가 세부 사항을 담당하고 있으며 우리는 고객들의 만족을 보장하도록 패키지 부분에 대한 통제력을 충분히 가지고 있는가?

여섯째, 패키지에 제공되는 우리 상품이나 서비스에 대한 지불은 어떻게 이루어지는가?

즉, 패키징은 시장이 구매하도록 상품이나 서비스를 제시하는 것이기 때문에 마케팅 계획의 모든 기술을 가지고 고려되어야 하는 복잡하고 고도화된 마케팅 도구이다.

### 2. 패키징에 참여하는 이유

패키징에 참여하는 이유는 패키징 상품을 사용하는 고객과 패키징 상품을 제공하는 관광 관련 기업의 측면으로 나누어 볼 수 있다.

### (1) 고객 측면

패키징과 프로그패밍은 더욱 편리한 휴가 계획과 경제적인 여행, 전문화된 경험에 대한 욕구 등 다양한 고객의 욕구를 충족시킬 수 있는 고객 지향적인 개념이다. 패키지 여행이 고객에게 주는 혜택은 다음과 같다.

첫째로 편리함이다. 대부분의 사람들은 시간과 노력을 절약할 수 있는 패키지를 구매하는 것을 선호한다. 시간 절약에 대한 수요가 높아지면서 패키지에 대한 선호는 더욱 증가될 수 있다.

둘째로 경제성이다. 대부분의 패키지는 항공 요금을 포함하고 있으면서도 보통의 왕복 항공 요금보다 싸다. 항공사나 공급사가 손해를 보는 경우도 있지만, 대부분의 경우 그렇지 않으며 패키지가 경제적인 이유는 다음과 같다. 여행사가 조직하는 경우 대량 구매를 하기 때문에 항공사를 비롯한 관광 상품 공급업자로부터 할인된 금액으로 패키징을 조직할 수 있다. 즉, 할인의 일부를 고객에게 환원하는 개념이다. 성수기와 비수기의 영향을 많이 받게 되는 항공과 호텔이 포함된 패키징의 경우 비수기에 저렴한 가격으로 제공되는 경우가 많다. 관광 산업에서 고객들이 패키지를 구매하는 것은 부분적으로는 경제적인 이유 때문이라는 것을 알고 있기 때문이다.

셋째는 여행 예산의 수립을 가능하게 한다. 패키지에는 모든 요금이 포함되어 있기 때문에 고객들은 자신이 얼마를 사용하게 될 것인지 미리 알 수 있다. 패키지는 고객이 얼마를 써야 할 것인가와 자신의 돈으로 무엇을 얻게 될 것인지에 대한 고객의 불안을 제거한다.

넷째는 품질의 일관성을 보장한다. 패키지 상품의 성공 비결 중 하나가 품질의 일관성에 있다. 패키지를 구매하지 않는 경우 고객은 스스로 모든 것을 해결해야 하기 때문에 본 적도 없고 경험도 못해 본 서비스를 구매해야 한다. 대부분의 관광 기업은 구전 광고의 강력한 효과와 재방문 고객의 중요성을 알기 때문에 장기적으로 품질의 일관성을 유지하는 것을 성공의 비결로 삼고 있다. 고객은 일관성 없는 품질을 쉽게 알아차리며 그러한 부정적인 부분으로 전체의 경험을 판단하는 경향이 있기 때문이다.

다섯째, 전문적인 흥미의 만족을 준다. 일반적인 패키지와 더불어 전문성을 지니고 있어 특별 흥미를 충족시키는 패키지가 점점 늘어나고 있다. 대부분의 SI 패키지는 상당한 사전 조사와 신중한 프로그래밍, 전문가의 지도 및 안내를 필요로 한다. 고객들은 경험과 시간 그

리고 이러한 것을 얻을 수 있는 자원이 충분치 못하기 때문에 그들의 욕구를 충족시킬 수 있는 주문형 대안을 제공받는다.

여섯째, 프로그래밍으로 새로운 가치를 부여한다. 프로그래밍은 관광 산업의 서비스에 새로운 매력을 제공해 준다. 예를 들어, 주 제공원은 거의 똑같은 것을 가지고 고객들을 어떻게 다시 오게 하느냐가 문제가 된다. 고객들의 재방문을 위해서는 고객의 흥미를 새롭게 하는 새로운 여흥과 특별한 이벤트 활동을 제공해야 한다. 프로그래밍은 고객의 경험과 계획에 새로운 흥미를 제공한다. 고객들이 매력적이라고 생각하고 있는 서비스에 새로운 가치를 부여하는 것이다.

## (2) 참여자 측면

패키징 개념으로부터 소비자가 이익을 얻는다고 가정할 때 참여자인 개별 관광 기업(여행사, 호텔업, 식당업, 교통업 등이 포함됨)이 얻는 것은 무엇인가? 대체로 관광 기업이 패키징에 참가하는 이유는 다음과 같다.

첫째, 매출 증대를 도모한다. 패키징에 참가할 때 가장 큰 이점은 매출액의 증대이다.

둘째, 비수기의 극복이다. 관광 기업으로서 패키징을 조직, 참가하는 가장 큰 이유 중 하나는 비수기의 수요를 증대하는 것이다.

셋째, 표적 시장에 대한 매력 향상이다. 대부분의 패키지와 프로그래밍은 특정 고객 집단의 욕구에 맞춘 주문 생산형이기 때문에 선택된 표적 시장에 대한 매력을 향상시킨다.

넷째, 사업 예측이 용이하다. 패키지는 사전 예약되고 지불되기 때문에 기업은 고객의 규모를 예측하고 인력 및 자원 공급 계획의 수립에 있어 유리한 입장에 있으며 그 결과 효율성이 증대된다.

다섯째, 보조적인 시설과 이벤트의 사용을 들 수 있다. 많은 호텔과 레스토랑은 그들의 서비스를 주요한 관광 자원이나 이벤트에 대한 방문과 결합시킨다.

여섯째, 반복 고객의 창조와 방문 횟수를 증가시키기 위함이다. 새로운 패키징과 프로그래밍은 고객의 흥미를 증가시키므로 인해서 고객의 재방문을 유인하고 있다.

일곱째, 1인당 사용 액수와 체류 기간의 연장을 꾀할 수 있다. 패키징과 프로그래밍이 잘 사용되면 고객들로 하여금 더 오래 머물고 더 많이 소비하도록 자극하여 관광 산업의 고객

사용 액수를 증가시키고 체류 기간을 연장할 수 있다.

여덟째, 고객 만족이 증대된다. 패키징과 프로그래밍은 모두 고객의 특별한 요구에 맞춘 주문형 상품이며 여행자들에게 유용한 혜택을 제공하는 것으로 고객 만족에 공헌한다.

## 제4절　패키징 프로그래밍의 역할 및 상품 개발

### 1. 패키징 프로그래밍의 역할

패키징 프로그래밍의 역할은 다음과 같다.

첫째, 패키지와 프로그램의 주요한 역할은 성수기와 비수기의 차이를 완화시키는 것이다.

둘째, 비수기의 매출 저하를 막음으로써 패키지와 프로그래밍은 수익성을 향상시킨다. 고객의 소비액을 증가시키고 체류 기간을 연장시키며 정확한 판매 예측을 통해 효율성을 높임으로써 수익을 향상시킨다.

셋째, 패키지와 프로그래밍은 특정 고객 집단의 욕구에 맞는 것을 제공함으로써 세분 시장에 유용한 도구가 된다.

넷째, 패키지와 프로그램은 기업의 제품 / 서비스 믹스의 부분으로서 시설, 장치 및 서비스 등 다른 요소에 대한 보조 기능을 하며 고객들에게 관광 서비스를 좀 더 매력적으로 보이게 하기 위하여 하나로 포장한다는 점에서 상품의 선물 패키지와 유사하다.

다섯째, 개별적으로는 불가능한 결과를 가능하게 하는 두 가지 이상의 요소 활동의 조합으로 잘 수행된 패키지는 모든 참가자들에게 시너지 역할을 한다. 패키지는 여행사, 항공사, 공급업자, 관광지 마케팅 조직을 하나로 묶는다.

● [표 10-2] 패키지 상품의 장단점

| 구 분 | 장 점 | 단 점 |
|---|---|---|
| 관광객 | • 시간과 비용의 절감<br>• 안전한 여행<br>• 언어 소통 문제 해결<br>• 새로운 친구와 교제<br>• 단체 관광객의 특별 대우 | • 개인 자유 관광이 부족함<br>• 본인의 의사와 관계없이 관광 활동 진행<br>• 무리한 쇼핑과 옵션의 부담<br>• 팁에 대한 부담 |
| 관광<br>공급자 | • 대량 마케팅이 가능<br>• 상품 판매와 수배의 용이성<br>• 규모의 경제를 추구할 수 있음(비수기 타계) | • 단체 관광 위주의 저가 및 저품질 상품의 남발<br>• 모방이 용이하여 지속적인 경쟁력 확보가 어려움 |

## 2. 효과적인 패키지 프로그램 개발을 위한 한계

성공적인 패키지를 만든다는 것은 적절한 재료를 선택하여 가능한 한 가장 좋은 방식으로 조직하여 매력적인 방식으로 제공하는 것이다. 대부분의 패키지는 가격 할인을 내용으로 하고 있기 때문에 공급자와 항공사는 정상적인 가격을 추구하는 고객을 낮은 가격을 지불하는 고객으로 바꾸게 되는 실수를 범하지 않는지 잘 살펴보아야 한다. 또한 패키지 고객이 우리의 다른 표적 시장과 공존할 수 있는지, 그리고 패키징이 포지셔닝의 강화 요인이 될 것인지 약화 요인이 될 것인지를 다음의 사항을 확인하여 잘 살펴야 한다.

첫째, 모든 패키지는 반드시 핵심적인 매력물이나 수요 발생 요인을 포함하고 있어야 한다.

둘째, 고객들은 패키지를 통해 더 많은 가치를 얻는다고 느끼기 때문에 패키지를 구매하는 것이다. 어떤 사람들은 패키지의 가치를 개별 요소의 합보다 낮은 전체 가격으로 인식하고 어떤 사람들은 패키지 요소의 다양성으로 해석한다.

셋째, 고객들은 패키지 경험의 전체를 품질의 일관성이 유지되지 않는 요소나 서비스에 의하여 판단하기 쉬우므로 성공적인 패키지는 일관성 있는 품질과 상호 공존할 수 있는 특성을 제공하여야 한다.

넷째, 훌륭한 패키지는 주의 깊게 계획되고 가능한 고객들의 요구에 가깝게 조정되어야 한다.

다섯째, 패키지는 고객에게 각각의 요소를 따로 구입하였을 때는 얻을 수 없는 명확한 혜

택의 가치를 제공하여야 한다. 평소보다 싼 가격의 혜택이나 유명 연예인의 공연, 스포츠 경기 티켓, 고급 백화점의 상품권 등 개별 고객이 쉽게 얻을 수 있는 것이 아닌 프로그램이나 서비스를 획득할 수 있는 독특하고 편리한 방법을 제공한다.

여섯째, 패키지를 내놓는 것은 간단하지만 성공적인 패키지로 차별화될 수 있는 것은 아주 사소한 것에 대한 배려이다. 다음의 사항들을 예로 들 수 있다. 예치금, 취소나 환불에 대한 명확한 규정이 있어야 할 것, 고객들에게 예약일과 옵션에 대해 최대한 융통성을 부여할 것, 고객들에게 패키지 가격에 포함된 것과 포함되지 않은 것, 필요한 의복과 준비물에 대한 정보를 제공하고 가능한 옵션, 예약 절차, 최소 단체 사이즈, 싱글 객실의 추가 요금, 날씨나 다른 문제로 인한 우발적 사태에 대한 대책 등 가능한 모든 정보를 제공할 것 등이다.

일곱째, 패키지는 고객의 욕구를 충족시키는 방법이지만 동시에 이익을 창출해야 한다. 관광 기업이 제공한 패키지가 금전적인 손해를 야기한 경우도 많다.

Memo

# Quiz

❶ 패키지 여행을 설명하시오.

❷ 패키지 여행 상품에 참여하는 이유를 고객 측면에서 설명하시오.

❸ 관광 공급자 입장에서의 패키지 여행 상품의 장점 중 틀린 것을 고르시오.

① 대량 마케팅이 가능
② 상품 판매와 수배의 용이성
③ 규모의 경제를 추구할 수 있음
④ 모방이 쉽지 않아 경쟁력 확보가 가능함

Memo

참고문헌

· 김영규(2018) 여행사실무론, 양림출판사
· 김재원(2015) 항공사경영론, 서울: 학현사
· 김홍범 역 Hospitality & Travel Marketing. 한올
· 김희정(2008) 항공사의 코드쉐어 제휴 성과연구, 박사논문, 경기대학교 대학원
· 남경숙(2008) 패밀리 레스토랑의 전략적 제휴가 고객 애호도에 미치는 영향, 석사논문, 대구카톨릭대학교 대학원
· 노정철, 김재훈(2015) 여행사경영론, 한올출판사
· 동아비지니스리뷰 2012,11,1. pp.20-26 ; Kotler, Kartajaya, and Setiawan, 2017
· 박시사(2008) 항공사경영론, 백산
· 박진우(2017) 항공사 경제학 및 마케팅, 청람
· 박혜정, 김남선(2013) 항공경영실무, 백산출판사
· 신우성(2005) 관광서비스, 백산출판사
· 심혜정(2017) "우리나라 서비스 산업의 국제적 위상과 일자리 창출효과", 한국무역협회 Trade Focus
· 안대회 외(2011) 관광마케팅, 백산출판사
· 양창삼(1991) 인적자원관리, 서울: 법문사
· 유지연(2008) 해외여행객 여행경비 지출결정요인; 패키지 여행 상품 중심으로, 석사논문, 세종대학교 대학원
· 윤대순(2003) 항공실무론, 백산출판사
· 윤문길 외(2014) 글로벌 항공운송 서비스 경영, 한경사
· 윤중역(1992) 마케팅 관리론, 학현사
· 이선희(1993) 관광마케팅개론, 대왕사
· 이유재(2008) 서비스 마케팅, 학현사
· 전용욱, 여경철(2002) 전략제휴의 유형과 사업성과에 관한 연구, [국제경영연구] 제13권 제2호
· 전우정(2019) 항공사의 내부 마케팅 이 직무만족과 고객 지향성에 미치는 영향에 관한 연구 –J항공사를 중심으로– 석사논문, 순천향대학교 기술경영행정대학원

· 심혜정. 2017. "우리나라 서비스 산업의 국제적 위상과 일자리 창출 효과". 한국무역협회 *Trade Focus*

· 정나리(2016) 항공사 내부 마케팅 이 직무만족과 서비스 품질에 미치는 영향, 경희 사이버 대학교 호텔관광대학원, 석사학위논문

· 정익준(2015) 항공사경영론, 학현사

· 정지우(2010) 패키지 여행 상품 선택행동 연구, 석사논문, 경기대학교 대학원

· 차재만(2013) 패키지 여행 상품 속성이 소비자 태도에 미치는 영향, 석사논문, 세종대학교 대학원

· 천덕희(2017) 여행사 경영과 실무, 대왕사

· 최현수(2008) 항공사 장기지향성 연구 -고객과의 관계의 질을 중심으로- 박사논문, 경기대학교 대학원

· 표성수 외(2014) 관광마케팅, 한올

· 허희영(2014), 항공관광업무론, 명경사

· 허희영(2019), 항공 서비스원론, 서울: 북넷

· 황용철, 송영식, 황윤용(2016), *서비스 마케팅*, 학현사

· Bruce Bodaken, Robert Fritz 〈The Managerial Moment of Truth〉 2006

· Christopher H. Lovelock, "Classifying Services to Gain Strategic

· Marketing Insights", Journal of Marketing, Vol. 47, 1983, pp. 9-20.

· Jochen Wirtz, et al., Essentials of Services Marketing, 2nd ed., Pearson Education Ltd., 2013

· Jochen Wirtz, Patrica Chew 〈Essentials of services Marketing〉 2012

· Krajewski, Lee J. and Larry P. Lizman (1999), *Operations Management*, Addison Wesley, 5th ed

· Lyn Pont 〈Hospitalrity Management〉 2015

· Schmenner, R.W. (1996), "How can service businesses survive and prosper" Sloan Management Review, Vol. 27

· Stan Shih. Growing global. John Wiley & Sons.

· Zeithaml, V. A., Bitner, M J. & Gremler, D. D. (2006), Service *Marketing-Integrating Customer Focus Across the Firm*, McGraw-Hill International Edition, 4th edition

저자 소개

### 강혜순
- 버펄로 뉴욕주립대학교. TESOL 석사
- 고려대학교 일반대학원 영어학 박사
- 세종대학교 일반대학원 관광경영학 박사
- 대림대학교 국제교류원 원장 역임
- 현) 대림대학교 항공호텔관광학부 교수

### 권병찬
- 일본 고베대 경영학 석사
- 한국항공대 이학 박사
- 대한항공 상무, 중앙고속관광 대표이사 역임
- 현) 동서울대학교 항공서비스과 교수

### 남영재
- 일본릿교대학 관광학 석사
- 세종대학교 호텔관광경영학 박사
- 전) 건양대학교 글로벌호텔관광학과 외래 강사
- 현) 대림대학교 항공서비스과 겸임 교수

### 민춘기
- 세종대학교 경영학 석사
- 서울대학교 농학 박사
- 미국 미시간주립대학(MSU) 방문 교수
- 현) 용인송담대학교 항공서비스과 교수

### 신경희
- 한국외대 국제항공행정 석사
- 세종대 호텔관광경영학 박사
- 전) 동방항공국제선 객실 승무원
- 전) 아시아나항공 국제선 객실 승무원
- 현) 세명대 항공서비스학과 조교수

# 항공관광 마케팅

초판 1쇄 발행   2019년  8월  30일
3판 1쇄 발행   2024년  8월   5일

저      자  강혜순 · 권병찬 · 남영재 · 민춘기 · 신경희
펴  낸  이  임순재
펴  낸  곳  한올출판사
등      록  제11-403호
주      소  서울시 마포구 모래내로 83(성산동, 한올빌딩 3층)
전      화  (02)376-4298(대표)
팩      스  (02)302-8073
홈 페 이 지  www.hanol.co.kr
e - 메 일  hanol@hanol.co.kr

ISBN 979-11-6647-476-7

Memo

Memo